CAESAR IN 10 TAGEN

VON
FELIX S. FRIEDRICH

F. S. FRIEDRICH VERLAG

Gedruckt auf umweltfreundlichem Papier;
100 % holz-, säure- und chlorfrei.

Besuchen Sie uns im Internet:
www.fsf-verlag.de

Dieses Werk folgt der reformieren
Rechtschreibung und Zeichensetzung.

2. Auflage

Umschlagillustration: Oliver Weiss, Grassau
Druck: Finidr s.r.o.

ISBN: 978-3-937446-12-7

Inhaltsverzeichnis

Abkürzungen & Zeichen

Abl.	Ablativ
Akk.	Akkusativ
Akt.	Aktiv
BG	Bellum Gallicum
Dat.	Dativ
Gen.	Genitiv
Ind.	Indikativ
Komp.	Komparativ
Konj.	Konjunktiv
Nom.	Nominativ
Pass.	Passiv
Per.	Person
Pl.	Plural
s.	siehe
Sg.	Singular
vgl.	vergleiche
z. B.	zum Beispiel

F	Formenbestimmung
G	Grammatikübung
H	Hilfe(n)
I	Infobox
S	Satzübung
T	Text
V	Vokabular; Vokabeltest

Vorwort

Schon seit Generationen müssen sich arme LateinschülerInnen, zunehmend auch StudentInnen, die an der Schule keinen Lateinunterricht »genießen« durften, durch Caesars Gallischen Krieg kämpfen. Die ersten Worte GALLIA EST OMNIS DIVISA IN PARTES TRES sind schon fast legendär.

Dieses Buch versucht zunächst, die Angst zu nehmen und dann durch konsequente Konzentration auf das Wichtigste innerhalb weniger Arbeitstage das nötige Wissen für eine erfolgreiche Prüfungsbearbeitung zu vermitteln.

Wir hoffen, mit diesem Büchlein, welches sicherlich schon nach kurzer Zeit Kritiker und Verfechter eines traditionelleren Lateinunterrichts auf den Plan rufen wird, vor allem den Lernenden und Leidenden eine nutzbringende Hilfe zur Hand zu geben.

Autor und Verlag im Januar 2006

Einleitung

Zum Motiv

Das Motiv für die Herausgabe dieses Lernbuches lag in zahlreichen Problembereichen vieler SchülerInnen und StudentInnen begründet, etwa der Schwierigkeit des Übergangs von Lehrwerk zur ersten Originallektüre und der damit verbundenen (selbstständigen) Vorbereitung auf die Klausur, wie auch nicht ausreichend großer Wortschatz und fehlende Übersetzungspraxis.

Zur Arbeit mit diesem Buch

Wie du beim Durchblättern dieses Buches schnell merken wirst, verzichtet es auf Illustrationen und Farbe. Ich bin der Ansicht, dass in einem Schnelllehrgang jede Art der Ablenkung störend ist, zumal so nicht das Ziel, das Bestehen der Prüfung, erreicht bzw. erarbeitet werden kann.

Auch habe ich das sprachliche Niveau eher umgangssprachlich als sprachwissenschaftlich gehalten. Sollte dich das stören, greifst du am besten zu einem »gewöhnlichen« Lehrwerk. Ich habe jedoch die Erfahrung gemacht, dass diejenigen, die sich schwer mit Latein tun, lieber mit Worten angesprochen werden, die sie verstehen.

Die Lektionen sind nach demselben Schema aufgebaut. Zunächst findest du (mit Ausnahme der Einganglektion) den gesamten Text. Diesen sollst du dir zunächst in Ruhe mehrfach durchlesen und versuchen, ihn im Groben oder Feinen zu erfassen. Hiernach geht es an das Übersetzen der einzelnen Sätze mit meinen Hilfen. Vor dem Übersetzen solltest du dir das Lernvokabular der Lektion (du findest es am Lektionsende) gut durchlesen und am besten notieren. Nach dem Übertragen ins Deutsche kannst du dich den Aufgaben widmen, die sich vor allem an grammatischen Leitfragen orientieren. Ich empfehle dir, die Vokabeln des Tages vor dem Einschlafen noch einmal zu repetieren. Es hilft wirklich - wissenschaftlich nachgewiesen!

Weitere Hilfen (Literaturempfehlungen, Internetlinks und natürlich auch eine Gallien-Karte) findest du auf ***www.fsf-verlag.de*** (auf der entsprechenden Unterseite für »Caesar in 10 Tagen«).

Meine Meinung zum Übersetzen

Häufig vertreten Lehrer und Dozenten die Ansicht, so frei wie »nötig« und so wörtlich wie »möglich« zu übersetzen bzw. übersetzen zu lassen.
Ich kehre dies um und nehme damit schon jetzt negative Zuschriften von lehrender Seite in Kauf. Natürlich darfst du aus einem Soldaten kein Heer machen oder umgekehrt; doch gerade bei Caesar empfiehlt es sich häufig, freier in sinnvolles Deutsch zu übertragen, anstatt allzu lange am Wort »zu kleben« und eine künstliche, mitunter vielleicht sogar komisch klingende Übersetzung anzufertigen.

Wichtige Anmerkung zu den Musterübersetzungen
Mitunter habe ich etwas freier übersetzt, so dass du beim Vergleichen mit deiner u. U. etwas anderen bzw. wörtlicheren Übersetzung nicht verwundert das Buch zuklappen oder dein Elaborat verbrennen brauchst ;)

Voraussetzung

Dieses Buch setzt eine Grundkenntnis im Bereich des Übersetzens und der Grammatik voraus. Solltest du über diese nicht verfügen, empfehle ich folgende Titel:

Für die Übersetzungspraxis:
Auxilium Primum (ISBN: 3-937446-06-0) und
Auxilium Secundum (ISBN: 3-937446-07-9) > *Näheres s. letzte Seite*

Für die Grammatikbasis:
Lateingrammatik in 7 Tagen (ISBN: 3-937446-11-7)
Discendum (ISBN: 3-937446-10-9) > *Näheres s. letzte Seite*

Das Discendum stellt mehr eine Übersicht, »Lateingrammatik in 7 Tagen« vielmehr einen eigenständigen Grammatiklehrgang dar.
Viel Erfolg!

Basiswortschatz zu Caesar

An dieser Stelle liste ich dir die häufigsten Caesarvokabeln auf. Sie sind mindestens **50 mal** im Gallischen Krieg enthalten und daher äußerst wichtig. Die folgenden Einträge decken nämlich durchschnittlich über **50 %** der Textmenge ab. Also: Gut merken!

qui, quae, quod	der, die, das; welcher, -e, -es
quod	weil
quam	als *(bei Komparativ)*
in *(Präp. m. Akk./Abl.)*	*Akk.:* in, nach, gegen *Abl.:* in, bei, auf
is, ea, id	er, sie, es; der, die, das
esse, sum, fui, -	sein, geben (= existieren)
sui, sibi, se/sese *(verstärkend)*	seiner, sich
suus, -a, -um	sein
et	und
et ... et ...	sowohl ... als auch ...
ad *(Präp. m. Akk.)*	zu (... hin), an, bei
hic, haec, hoc	dieser, diese, dieses
atque, ac	und
a, ab (Präp. m. Abl.)	von (... her)
omnis, -e	*(Sg.)* jeder, ganz; *(Pl.)* alle
cum	*(Präp. m. Abl.)* mit *Ind.:* als, wenn, indem *Konj.:* als, da/weil, wenngleich
e, ex *(Präp. m. Abl.)*	aus, seit
res, rei f.	Sache
res publica	Staat
ut	**1.** dass, damit; **2.** wie
facere	tun, machen
fieri	(gemacht) werden
facilis, -e	möglich, (machbar), leicht
magnus, -a, -um	groß
non	nicht

posse, possum, potui, -	können
hostis, -is m.	Feind
locus, -i m.	Ort, Platz
loca, -orum n.	Gegend(en)
Gallia, -ae f.	Gallien
Galli, -orum m.	die Gallier
neque, nec	und/aber nicht
neque ... neque ...	weder ... noch ...
eques, equitis m.	Reiter
equitatus, -us m.	Reiterei
reliquus, -a, -um	übrig
relinquere, -o, -qui, relictum	zurücklassen
pars, partis f.	Teil, Gebiet, Seite
venire, -io, -i, ventum	kommen
convenire	zusammenkommen
pervenire	hinkommen
bellum	Krieg
bellum gerere	Krieg führen
noster, -tra, -trum	unser
de *(Präp. m. Abl.)*	von, über
legio, -onis f.	Legion
dies, diei m./f.	(m.) Tag; (f.) Termin
ipse, -a, -um	er selbst
civitas, -atis f.	Staat, Volk
habere, -eo, -ui, -itum	haben
Romanus, -a, -um	römisch
Romani, -orum m.	die Römer
multitudo, -tudinis f.	Menge
si	wenn, falls
miles, militis m.	Soldat
mittere, -o, misi, missum	senden, schicken
ne	dass/damit nicht
causa, -ae f.	Grund
causa (bei Genitiv)	wegen
aut	oder
aut ... aut ...	entweder ... oder ...

copia, -ae f.	Menge, Vorrat
copiae, -arum f.	Truppen
unus, -a, -um	ein
exercitus, -us m.	Heer
oppidum, -i n.	(kleine) Stadt
cognoscere, -o, -novi, cognitum	erkennen, erfahren
finis, -is m.	Grenze; *(Pl.)* Gebiet
ille, -a, -ud	jener, jene, jenes
legatus, -i m.	Gesandter
mille (Pl.: milia)	tausend
consilium, -i n.	Plan, Beschluss, Rat
proelium, -i n.	Kampf
proeliis contendere	Kämpfe austragen
idem, eadem, idem	derselbe
iter, itineris n.	Reise
iter facere	marschieren, reisen
uti, -or, usus sum	gebrauchen
iubere, -eo, -et, iussit	befehlen
tempus, -oris n.	Zeit
dare, do, dedi, datum	geben
numerus, -i m.	Zahl
navis, -is f.	Schiff
per *(Präp. m. Akk.)*	durch (... hindurch)
primus, -a, -um	der erste
flumen, fluminis n.	Fluss
sed	sondern, aber
summus, -a, -um	der höchste
tantus, -a, -um	so groß; (tantum) so viel
alius, -a, -ud	ein anderer
alii ... alii ...	die einen ... die anderen
celeriter	schnell
Germani, -orum m.	die Germanen
multus, -a, -um	viel
homo, hominis m.	Mensch, Mann
longus, -a, -um	lang

populus, -i m.	Volk
frumentum, -i n.	Getreide
arma, -orum n.	Waffen
nullus, -a, -um	keiner
pro *(Präp. m. Abl.)*	für, anstatt
inter *(Präp. m. Akk.)*	zwischen, unter
duo, duae, duo	zwei
recipere, -io, -cepi, -ceptum	aufnehmen
imperium, -i n.	Herrschaft, Reich, Oberbefehl
tamen	dennoch
munitio, -onis f.	Befestigung
obsides, -um m.	Geiseln
quid	was
virtus, -utis f.	Tapferkeit
fuga, -ae f.	Flucht
auxilium, -i n.	Hilfe, Unterstützung
auxilia, -orum n.	Hilfstruppen
etiam	auch, sogar
petere, -o, -ivi, -itum	bitten, erstreben
iam	schon
animus, -i m.	Geist, Mut, Herz
ferre, fero, tuli, latum	tragen, bringen
passus, -us m.	Schritt
mille passus	Meile (ca. 1,5 km)
ager, agri m.	Feld, Acker
Rhenus, -i m.	der Rhein
praesidium, -i n.	Schutz; *(Pl.)* Wachposten
superior, -us	höher
totus, -a, -um	ganz
ante *(Präp. m. Akk.)*	vor(her)
accipere, -io, -cepi, -ceptum	annehmen, empfangen
opus, -eris n.	Arbeit
opus est	es ist nötig
propter *(Präp. m. Akk.)*	wegen
ubi	wo, sobald

circiter	ungefähr
alter, -era, -erum	einer (meist von zweien)
alter ... alter ...	der eine ... der andere
pes, pedis m.	Fuß
periculum, -i n.	Gefahr
spes, spei f.	Hoffnung
proximus, -a -um	der nächste; benachbart
princeps, principis m.	Führer, Fürst
sequi, -or, secutus sum	folgen
proficisci, -or, profectus sum	aufbrechen

Für die Statistik: Caesar (Caesaris m.) erwähnt sich im Gallischen Krieg (lib. I-VII) rund 380 mal - das entspricht ca. 0,85 % der Textmenge!

Bitte präge dir diese Vokabeln sehr gut ein, da das Übersetzen sonst noch zäher und langweiliger wird. Bedenke: Je mehr Wörter du kennst, desto schneller kommst du voran.

Zur Arbeit mit dem Wörterbuch

Du musst dich mit dem Gedanken anfreunden, **Vokabeln schnell** und **korrekt nachschlagen** zu können. Bei Caesar-Prüfungen dürfen die Prüflinge normalerweise lateinisch-deutsche Lexika benutzen, weshalb ich in diesem Kapitel kurz darauf eingehen möchte.
Standardwörterbücher im deutschsprachigen Raum bis zum Latinum sind der **Stowasser**, die **Langenscheidt-** und die **PONS-Lexika**. Vielerorts wird dem Stowasser der Vorzug gegeben, weil er keinen grammatikalischen Anhang mit Flexionstabellen enthält. Häufig wird von Dozenten oder Prüfern auch das Heraustrennen der Seiten aus den anderen Wörterbüchern als Option zur Verwendung gegeben.
Mit wenigen Ausnahmen listen lateinisch-deutsche Wörterbücher **Verben** nach der **1. Per. Sg. Präsens** Ind. Akt., also z. B. *facio* (statt *facere*) und geben naturgemäß eine Vielzahl an **Übersetzungsmöglichkeiten**. Eingestreute Übungen werden dir die nötige Sicherheit für das schnelle Nachschlagen geben.

Überlebensgrammatik Caesar

Die folgenden Seiten sollen das zu beherrschende Minimum darstellen; ein Weniger ist in diesem Fall mit Sicherheit kein Mehr.
Bei größeren Lücken in der Grammatik empfehle ich zur Aufarbeitung bzw. Wiederholung:
Lateingrammatik in 7 Tagen; ISBN: 3.937446-11-7
Discendum - Das Wichtigste für den Latein-Unterricht: 3-937446-10-9

Grob teilt man die Grammatik in **Formenlehre** und **Satzlehre**. Die **Formenlehre** beschäftigt sich vor allem mit den **Wortarten** und der **Flexion** (Beugung, also Deklination bei Nomina oder Konjugation bei Verba). Die **Satzlehre** widmet sich den **Satzkonstruktionen** und den **Satztypen**, dem **Satzgefüge**. § 1

1. Formenlehre

Wir unterscheiden Wortarten nach ihrer Veränderlichkeit, also ob man sie beugen kann. Folglich unterscheidet man **veränderliche** von **unveränderlichen** Wörtern. § 2
Unveränderlich: **Konjunktionen** (z. B. et), **Präpositionen** (z. B. inter, ad, ex) und **Adverbien** (z. B. bene, celeriter).

Veränderlich: **Nomina** (Substantive, Pronomen, Adjektive) und **Verba**.

Nomina werden **dekliniert**, **Verba** werden **konjugiert**. § 3

Zum Deklinieren bzw. Bestimmen einer Form musst du wissen, in welchem **Kasus** (Fall: Nominativ, Genitiv, Dativ, Akkusativ, Ablativ), in welchem **Numerus** (Anzahl: Singular oder Plural) und in welchem **Genus** (Geschlecht: Maskulinum, Femininum oder Neutrum) das Wort steht. § 4

Die **Übereinstimmung** von **K**asus, **N**umerus und **G**enus, z. B. zwischen Substantiv und Adjektiv, bezeichnet man als **KNG-Kongruenz**. § 5

Sowohl Nomina als auch Verba werden nach **Flexionsklassen**, z. B. o-Deklination unterschieden. Lerne daher immer die **Stammformen** mit. § 6

§ 7 Zum **Konjugieren** musst du wissen, in welcher **Person** und **Anzahl** (1., 2. oder 3. Person, Sg. oder Pl.), in welcher **Zeit** (Präsens, Perfekt, Imperfekt, Plusquamperfekt, Futur I oder II), in welchem **Modus** (Indikativ, Konjunktiv oder Imperativ) und in welchem **Zustand** (Aktiv oder Passiv) sich das Verb befindet.
Keine Sorge: Caesar benutzt glücklicherweise nur wenig verschiedene Elemente, so fast ausschließlich die 3. Per. Sg. oder Pl. - alles also nur halb so schlimm!

§ 8 Latein ist eine **Endungssprache**. Das bedeutet, dass du vor allem auf die Endungen schauen musst. Verschiedene **Anhängsel** kommen besonders häufig vor und haben bestimmte Bedeutungen, sind also keine »echten« Endungen. Von Bedeutung sind:
-que = und (Germani Galli**que** = die Germanen und Gallier)
-cum = mit (nobis**cum** = mit uns)

1.2 Die Deklinationen

§ 9 **Endungsübersicht**

<table>
<tr><th>Kasus</th><th>a-Dekl.</th><th>o-Dekl.</th><th>3. Dekl.</th><th>u-Dekl.</th><th>e-Dekl.</th></tr>
<tr><td>Nom. Sg.</td><td>a</td><td>us / um n.</td><td>*</td><td>us/u n.</td><td>es</td></tr>
<tr><td>Gen.</td><td>ae</td><td>i</td><td>is</td><td>us</td><td>ei</td></tr>
<tr><td>Dat.</td><td>ae</td><td>o</td><td>i</td><td>u(i)</td><td>ei</td></tr>
<tr><td>Akk.</td><td>am</td><td>um</td><td>em/us n.</td><td>um/u n.</td><td>em</td></tr>
<tr><td>Abl.</td><td>a</td><td>o</td><td>e</td><td>u</td><td>e</td></tr>
<tr><td>Nom. Pl.</td><td>ae</td><td>i / a n.</td><td>es/a n.</td><td>us/ua n.</td><td>es</td></tr>
<tr><td>Gen.</td><td>arum</td><td>orum</td><td>(i)um</td><td>uum</td><td>erum</td></tr>
<tr><td>Dat.</td><td colspan="2">is</td><td colspan="2">ibus</td><td>ebus</td></tr>
<tr><td>Akk.</td><td>as</td><td>os / a n.</td><td>es/a n.</td><td>us/ua n.</td><td>es</td></tr>
<tr><td>Abl.</td><td colspan="2">is</td><td colspan="2">ibus</td><td>ebus</td></tr>
</table>

* Für die 3. Dekl. gelten im Nom. Sg. verschiedene Endungen. Die wichtigsten sind: *-or, -tas, -tudo, -(i)o, -en, -x, -is, -s.*
n. steht für Formen des Neutrums. Neben den o. g. Deklinationen gibt es ferner die **i-Dekl.**, welche folgendermaßen abweicht: Nom. Sg.: **is/e** *n.*; Akk. Sg. **im/e** *n.*; Abl. Sg. **i**; (Gen. Pl. **ium**; Akk. Pl. **is**, **es/ia** *n.*).

Deklinationsbeispiele § 10

causa, -ae f. (a-Dekl.)

	Singular	Plural
Nom.	caus-a	caus-ae
Gen.	caus-ae	caus-arum
Dat.	caus-ae	caus-is
Akk.	caus-am	caus-as
Abl.	caus-a	caus-is

bellum, -i n. (o-Dekl.)

	Singular	Plural
Nom.	bell-um	bell-a
Gen.	bell-i	bell-orum
Dat.	bell-o	bell-is
Akk.	bell-um	bell-a
Abl.	bell-o	bell-is

locus, -i m. (o-Dekl.)

	Singular	Plural
Nom.	loc-us	loc-i
Gen.	loc-i	loc-orum
Dat.	loc-o	loc-is
Akk.	loc-um	loc-os
Abl.	loc-o	loc-is

dies, diei m./f. (e-Dekl.)

	Singular	Plural
Nom.	di-es	di-es
Gen.	di-ei	di-erum
Dat.	di-ei	di-ebus
Akk.	di-em	di-es
Abl.	di-e	di-ebus

bonus, -a, -um (Adjektiv der a-/o-Dekl.)

	m. (Sg.)	f.	n.	m. (Pl.)	f.	n.
Nom.	bon-us	bon-a	bon-um	bon-i	bon-ae	bon-a
Gen.	bon-i	bon-ae	bon-i	bon-orum	bon-arum	bon-orum
Dat.	bon-o	bon-ae	bon-o	bon-is		
Akk.	bon-um	bon-am	bon-um	bon-os	bon-as	bon-a
Abl.	bon-o	bon-a	bon-o	bon-is		

fortis, -is, -e (Adjektiv der i-Dekl.)

	m. (Sg.)	f.	n.	m. (Pl.)	f.	n.
Nom.	fort-is		fort-e	fort-es		fort-ia
Gen.	fort-is			fort-ium		
Dat.	fort-i			fort-ibus		
Akk.	fort-em		fort-e	fort-es		fort-ia
Abl.	fort-i			fort-ibus		

legio, -onis f. (3. Dekl.)

	Singular	Plural
Nom.	legio	legion-**es**
Gen.	legion-**is**	legion-**um**
Dat.	legion-**i**	legion-**ibus**
Akk.	legion-**em**	legion-**es**
Abl.	legion-**e**	legion-**ibus**

hostis, -is m. (3. Dekl.)

	Singular	Plural
Nom.	host-**is**	host-**es**
Gen.	host-**is**	host-**ium**
Dat.	host-**i**	host-**ibus**
Akk.	host-**em**	host-**es**
Abl.	host-**e**	host-**ibus**

pars, partis f. (3. Dekl.)

	Singular	Plural
Nom.	pars	part-**es**
Gen.	part-**is**	part-**ium**
Dat.	part-**i**	part-**ibus**
Akk.	part-**em**	part-**es**
Abl.	part-**e**	part-**ibus**

exercitus, -us m. (u-Dekl.)

	Singular	Plural
Nom.	exercit-**us**	exercit-**us**
Gen.	exercit-**us**	exercit-**uum**
Dat.	exercit-**ui**	exercit-**ibus**
Akk.	exercit-**um**	exercit-**us**
Abl.	exercit-**u**	exercit-**ibus**

---

§ 11 **Kasusfragen**

Nom.: wer? was?; **Gen.:** wessen?; **Dat.:** wem?; **Akk.:** wen? was?
Abl.: wo? wann? woher? wovon? womit? wodurch?

---

§ 12 Die Übersichten verdeutlichen, dass **Dat. + Abl. Pl.**, **Nom. + Akk. Pl.** und bei den *Neutra* **Nom. + Akk. Sg. formengleich** sind. Mache dir diese Kenntnis zum einfacheren Einprägen der Formen zu Nutze!

---

§ 13 **Die Komparation (Steigerung)**

Adjektive und **Adverbien** können **gesteigert** werden. **Positiv** (gut), **Komparativ** (besser), **Superlativ** (am besten). Der **Elativ** (formengleich mit dem Superlativ) wird mit »sehr« übersetzt (z. B. sehr gut).

Adjektive:
Positiv (-us, -a, -um; -is, -is, -e); Komparativ (-ior, -ius); Superlativ (-issimus, -a, -um; -illimus, -a, -um, -errimus, -a, -um).

Adverbien:
Positiv (-e; -(it)er); Komparativ (-ius); Superlativ (-issime; -illime, -errime). Beispiel *longe:* long**e**, long**ius**, long**issime**.

Pronomina

§ 14

Die im BG am häufigsten enthaltenen Pronomen sind:

qui, quae, quod

	m. (Sg.)	f.	n.	m. (Pl.)	f.	n.
Nom.	qui	quae	quod	qui	quae	quae
Gen.		cuius		quorum	quarum	quorum
Dat.		cui			quibus	
Akk.	quem	quam	quod	quos	quas	quae
Abl.	quo	qua	quo		quibus	

is, ea, id

	m. (Sg.)	f.	n.	m. (Pl.)	f.	n.
Nom.	is	ea	id	ii	eae	ea
Gen.		eius		eorum	earum	eorum
Dat.		ei			iis	
Akk.	eum	eam	id	eos	eas	ea
Abl.	eo	ea	eo		iis	

hic, haec, hoc

	m. (Sg.)	f.	n.	m. (Pl.)	f.	n.
Nom.	hic	haec	hoc	hi	hae	haec
Gen.		huius		horum	harum	horum
Dat.		huic			his	
Akk.	hunc	hanc	hoc	hos	has	haec
Abl.	hoc	hac	hoc		his	

	3. Per.
Nom.	-
Gen.	sui
Dat.	sibi
Akk.	se

ipse, -a, -um und *ille*, -a, -ud folgen der a-/o-Dekl. mit folgenden Ausnahmen:
ipse, -a, -um: Nom. Sg. ips**e**; Gen. Sg.: ips**ius**; Dat. Sg.: ips**i**
ille, -a, -ud: Nom. + Akk. Sg.: ill**ud**; Gen. Sg.: ill**ius**; Dat. Sg.: ill**i**;

idem, eadem, idem

	m. (Sg.)	f.	n.	m. (Pl.)	f.	n.
Nom.	idem	eadem	idem	idem	eaedem	eadem
Gen.	eiusdem			eorundem	earundem	eorundem
Dat.	eidem			eisdem		
Akk.	eundem	eandem	idem	eosdem	easdem	eadem
Abl.	eodem	eadem	eodem	eisdem		

1.3 Verben

§ 15 Du denkst dir **konjugierte** (gebeugte) **Verbformen** (z. B. *faciebat* = er machte) am besten als Puzzle, da für das vollständige Bild meist mehrere Teile benötigt werden.

§ 16 <u>**Wortbildung**</u>

Zur Bildung einer **konjugierten Verbform** benötigt man immer den **Wortstamm** und die **Personalendung**, manchmal auch einen **Einschub** (wie das -(e)ba- beim Imperfekt).
Beispiel: **audi**-eba-**t** = er hörte (audi = Stamm; eba = Einschub; t = Endung).

§ 17 <u>**Die Personalendungen**</u>

Für dich sind vor allem die Endungen der 3. Person (fett) interessant. Merke sie dir aber alle, da du sonst Verbformen nicht sicher bestimmen kannst.

	Präsens Akt.	Präsens Pass.	Perfekt Akt.
1. Per. Sg.	-m/-o	-(o)r	-i
2. Per. Sg.	-s	-ris	-isti
3. Per. Sg.	**-t**	**-tur**	**-it**
1. Per. Pl.	-mus	-mur	-imus
2. Per. Pl.	-tis	-mini	-istis
3. Per. Pl.	**-nt**	**-ntur**	**-erunt**

Der Infinitiv

§ 18

Der **Infinitiv** ist eine **nicht konjugierte Verbform**. Das Lateinische kennt den Infinitiv Präsens, den Infinitiv Perfekt und den Infinitiv Futur, jeweils im Aktiv und Passiv. Caesar bedient sich allerdings fast ausschließlich der drei aktivischen Infinitive:

	Inf. Präs. Akt.	Inf. Perf. Akt.	Inf. Fut. Akt.
a-Konj.	confirmare	confirma(vi)sse	confirmaturum -am, -um esse
e-Konj.	tenere	tenuisse	tenturum, ...
i-Konj.	audire	audi(vi)sse	auditurum, ...
gem. Konj.	facere	fecisse	facturum, ...
kons. Konj.	agere	egisse	acturum, ...

Ferner kennt das Lateinische noch den Infinitiv im Passiv:
Inf. Präs. Pass.: confirmari, teneri, audiri, agi
Inf. Perf. Pass.: confirmatum, -am, -um esse, ...

Die Zeiten

§ 19

Caesar bedient sich in seinem Gallischen Krieg neben dem **Präsens** fast ausschließlich der Vergangenheitstempora, also dem **Perfekt**, dem **Imperfekt** und dem **Plusquamperfekt**. Solltest du dich im Umgang mit den Zeiten nicht sicher fühlen, d. h. sie nicht schnell und fehlerfrei bestimmen können, rate ich dir, die Lücken mit einer Grammatik aufzuarbeiten. Viel Erfolg!
Hinweis: Das sog. »**Historische Präsens**« berichtet im Präsens über Geschehnisse in der Vergangenheit, um diese lebendiger zu präsentieren. Häufig werden daher Präsensformen als Perfekt übersetzt. Gewöhn dich daran! ;)

Deponentien

§ 20

Deponentien sind Verben, die, vereinfacht ausgedrückt, wie eine Passivform aussehen, jedoch aktivisch, d. h. wie eine Aktivform, übersetzt werden. Die wichtigsten Deponentien bei Caesar sind:

(ad)oriri, -ior, -ortus sum; **arbitrari**, -or, -atus sum; **(co)hortari**, -or, -atus sum; **conari**, -or, -atus sum; **(con)sequi/subsequi**, -or, -secutus sum; **egredi/progredi**, -ior, -gressus sum; **morari**, -or, -atus sum; **nancisci**, -or, -na(n)ctus sum; **nasci**, -or, -atus sum; **pati**, -ior, passus sum; **polliceri**, -or, -citus sum; **potiri**, -ior, -itus sum; **proficisci**, -or, profectus sum; **reverti**, -or, reversus sum; **uti**, -or, usus sum; **vereri**, -or, veritus sum.

2. Satzlehre

§ 21 Ein vollständiger Satz enthält mindestens ein **Subjekt** und ein **Prädikat**. Meist antwortet er auf die Frage »*Wer oder was macht was?*« (im Passiv: »*Was wird mit wem oder was gemacht?*«). Von einem **Satzgefüge** spricht man, wenn es mindestens einen **Nebensatz**, einen erläuternden »Untersatz«, gibt.

§ 22 Ist das **Subjekt** ein **Nomen**, steht es im **Nominativ**. Zwischen **Subjekt** und **Prädikat** muss stets die **Anzahl** stimmen, wie auch im Deutschen (also nicht: Der Mann gehen. Die Männer geht.). Ist das **Prädikat** eine **konjugierte Verbform** im Plural, ist das Subjekt für gewöhnlich eine Nominativ-Plural-Form. Bei Caesar findest du meist folgende Konstellation: Subjekt = Nominativ Sg./Pl.; Prädikat = Verbform in der 3. Per. Sg./Pl.

§ 23 <u>**Nebensätze**</u>

Caesar leitet fast ausschließlich mit folgenden Wörtern Nebensätze ein:

(propterea) quod - (deshalb) weil

qui, quae, quod und *is, ea, id*, nämlich vor allem:

is/ii, qui ... - der/die, der/die ...

ea, quae ... - (all) das, was ...

ut - dass, damit

cum - **(Ind.)** (sobald) als, indem, wenn; **(Konj.)** da/weil, obschon, als

quin - (so) dass (nicht)

§ 24 <u>**Gerundium & Gerundivum**</u>

- Übersetze grundsätzlich mit »zu« (*faciendum* - zu tun)
- Steht ein »*esse*« beim Gerundivum, übersetze mit »etwas (tun) müssen«
- Gerundiv bei Verneinung (z. B. ne, non): »etwas nicht dürfen«

Das <u>Gerundium</u> besitzt ausschließlich folgende Endungen:
-re (Infinitiv), **-i**, **-um** und **-o**.
Bsp.: *ea, quae* ***ad proficiscendum*** *pertinerent, comparant.*

Das <u>Gerundivum</u> hingegen besitzt alle Endungen der **a-/o-Deklination**, so dass z. B. die Formel *ad eas res conficiend****as*** ein Gerundivum sein muss, da -as die Endung des Akk. Pl. (f.) ist - das Gerundium tritt so nicht auf (s. o.).
Bsp.: *ea, quae* ***ad effeminandos animos*** *pertinent, important.*

Accusativus cum Infinitivo (AcI)

§ 25

Findest du bei Caesar einen **Infinitiv**, so ist im Satz mit großer Wahrscheinlichkeit ein AcI enthalten. Du übersetzt am besten mit einem durch »**dass**« eingeleiteten **Nebensatz**. Wie der Name erahnen lässt, beinhaltet jeder AcI-Satz mindestens eine Akkusativ-Form und einen Infinitiv. Der AcI folgt auf sog. **Kopfverben**, also Verben des **Sprechens**, **Denkens**, **Fühlens**, und nach Wörtern wie *constat* (es steht fest).
Bsp.: Caesar dixit se magnam spem victoriae habere. (dixit = er sagte (= Kopfverb); Akkusative und Infinitiv dürftest du erkennen.)

Partizipialkonstruktionen

§ 26

Zu den **Partizipialkonstruktionen**, also den Satzkonstruktionen, die vor allem mit Hilfe von Partizipien konstruiert werden, zählen der **Ablativus absolutus (Abl. abs.)** und das **Participium coniunctum (PC)**.

Übersetzungsmöglichkeiten (für Abl. abs. und PC)

- als, nachdem (bei PPP*), während (bei PPA**) > temporal
- der, die, das (am Anfang des Nebensatzes) > relativ
- da/weil > kausal
- obwohl > konzessiv
- wenn > konditional
- indem (bei PPA**) > modal

** PPP = **P**artizip **P**erfekt **P**assiv; ** PPA = **P**artizip **P**räsens **A**ktiv*

Ablativus absolutus (Abl. abs.)

§ 27

Ein **Abl. abs.** besteht aus einem **Nomen** im **Ablativ** und einem dazugehörigen **Partizip** (PPA oder PPP) im **Ablativ**. Findest du in einem Satz also ein Partizip, welches im Ablativ steht, so handelt es sich mit großer Wahrscheinlichkeit um einen Abl. abs.! Zur besseren Kontrolle über die Konstruktion empfiehlt es sich, zunächst temporal zu übersetzen, ein PPP mit »nachdem«, ein PPA mit »während«. Im Allgemeinen gelten o. g. Übersetzungsmöglichkeiten, die du dir gut einprägen musst. Übersetze den Abl. abs. deshalb nie wörtlich wie einen »normalen« Ablativ.

Participium coniunctum (PC)

§ 28

Das PC ist eine weitere Partizipialkonstruktion, für die selbige Übersetzungsmöglichkeiten (s. o.) gelten. Das **Partizip stimmt** hierbei ebenso mit dem dazugehörigen **Nomen** in **Kasus** und **Numerus** (Fall und Zahl) **überein**, muss jedoch keine Ablativ-Form sein. In den wenigsten Fällen solltest du ein PC wörtlich übersetzen.

Das Buch enthält einige Übungen zu diesen Satzkonstruktionen.

Übersicht behalten

Da Caesar mitunter recht lange Sätze konstruierte, kann der arme Lateinschüler leicht die Übersicht verlieren. Daher empfehle ich dir, wo immer möglich, die Methode des Trennens und Blockens anzuwenden.

Trennen

Da sich lateinische Textausgaben unserer heutigen Satzzeichen (Interpunktion) bedienen, endet ein Satz logischerweise nach einem Punkt (.). Abschlüsse, zumindest für das Übersetzen, bieten auch der Doppelpunkt (:) und das Semikolon (;).
Besonders für Anfänger eignet sich die sog. »Einrückmethode«. Du schreibst dir den zu übersetzenden Satz auf ein Blatt oder in dein Heft und rückst ihn nach Sinn und Grammatik auf mehrere Zeilen.
Neben den o. g. Satzzeichen dienen auch Konjunktionen wie »et« oder das angehängte »-que« als Abschluss einer Einheit.
Beispiel, Monstersatz aus BG; 1. Buch, 1. Kap.:

Orininal:

Horum omnium fortissimi sunt Belgae, propterea quod a cultu atque humanitate provinciae longissime absunt minimeque ad eos mercatores saepe commeant atque ea, quae ad effeminandos animos pertinent, important proximique sunt Germanis, qui trans Rhenum incolunt, quibuscum continenter bellum gerunt.

Eingerückt:

Horum omnium fortissimi sunt Belgae,
        propterea quod a cultu atque humanitate provinciae longissime absunt
(ET) minime ad eos mercatores saepe commeant
        atque ea, quae ad effeminandos animos pertinent, important
(ET) proximi sunt Germanis,
        qui trans Rhenum incolunt,
        quibuscum continenter bellum gerunt.

Musterübersetzung:

Von all diesen sind die Belgier die tapfersten, deshalb weil sie von Kultur und feinerer Bildung der Provinz am weitesten entfernt sind und nur selten Kaufmänner/Händler zu ihnen kommen und das, was zur Verweichlichung des Geistes dient, importieren und sie nächst zu den Germanen sind, die jenseits des Rheins leben, mit denen sie ständig Krieg führen.

So. Das war jetzt erst einmal viel Text. Nimm dir eine kurze Pause, wenn du sie nötig zu haben glaubst. Frische Luft soll helfen...

Blocken

Durch das Blocken, ich nenne es jetzt einfach so, wenngleich ich bezweifle, dass der Begriff sonstwo benutzt wird, erleichterst du dir auch die Übersicht.

Zunächst genügt es, wenn du Wendungen/Phrasen und Präpositionen mit ihren Bezugswörtern »blockst«. Außerdem kannst du Substantive mit Bezugswörtern (z. B. bei KNG-Kongruenz) zusammenstellen.

Kleines Beispiel:

Qua de causa Helvetii quoque **reliquos Gallos** virtute praecedunt, quod fere cotidianis proeliis **cum Germanis** contendunt.

Zur Aufschlüsselung:

Qua de causa = Wendung (aus diesem Grund)
reliquos Gallos = Substantiv in KNG-Kongruenz
cum Germanis = Präposition (cum mit Ablativ)

Fortgeschrittene Lateinerinnen und Lateiner erkennen direkt, dass:

- *proeliis contendere* ebenfalls eine Wendung,
- *Helvetii* das **Subjekt**
- und *(virtute) praecedunt* das **Prädikat** ist.

Grundsätzlich musst du in jedem Satz zunächst nach Prädikat und Subjekt Ausschau halten. Dies erleichtert dir die folgende Arbeit enorm. Ich werde dir diese Methode auf den nächsten Seiten so lange einpauken, bis es sitzt.
So werde ich dich sicherlich nerven, nach der Prüfung bist du mir aber hoffentlich dankbar...

Wie geht man vor?

Mein »5-Schritte-Plan« für dich:

1. Zunächst einmal **liest** du dir den **Textabschnitt** (ggf. den gesamten Prüfungstext samt Einleitung) **mehrfach in Ruhe durch.**
Ebenso **liest** du dir hiernach jeden einzelnen zu übersetzenden **Satz** mehrfach durch. Am Anfang solltest du **versuchen**, den **Inhalt** - zumindest grob - zu **erfassen.** Dann schlägst du **unbekannte Vokabeln** nach.

2. Finde **Prädikat** (bei Caesar meist eine Verbform der 3. Per. Sg. oder Pl.) und **Subjekt** (meist ein Substantiv im Nominativ).

3. Halte nun nach **Satzkonstruktionen** Ausschau (**AcI, Abl. abs., PC**; Näheres hierzu s. Überlebensgrammatik).

4. **Trenne** einen längeren Satz ggf. (vgl. »Übersicht behalten«), indem du auch **Semikola** und das angehängte ***-que*** als **Übersetzungspause** nutzt.

5. **Blocke** nun (vgl. »Übersicht behalten«) **Satzteile**, die unmittelbar zusammengehören, z. B. **Präpositionen** mit ihren **Bezugswörtern** (lerne hierfür den **Kasus** (Fall), mit dem die Präposition steht, z. B. *ad* + *Akk.*) und Wörter in **KNG-Kongruenz** (s. Überlebensgrammatik).

Schreibe dir zu jedem Satz - auf jeden Fall am Anfang - die Ergebnisse aller Schritte heraus, so z. B. das gefundene Prädikat. Du kannst die Teile für sich übersetzen:
1. Subjekt und Prädikat
2. Satzkonstruktionen
3. KNG-Kongruenzen

Am Ende bringst du deine Ergebnisse in »Reinschrift«, d. h. du formulierst einen <u>guten</u> und nach Möglichkeit <u>korrekten</u> deutschen Satz ;)

1. Tag

Ich hoffe, du bist ausgeschlafen und lernwillig. Im Folgenden gebe ich dir erst einmal zum »Warm werden« ein paar von mir adaptierte, also vereinfachte Sätze. Lies dir am besten vor dem Übersetzen meine Hilfen durch.

(1) Gallia in partes tres divisa est.

Selbst bei solch einfachen Sätzchen solltest du systematisch vorgehen: Nenne mir Subjekt und Prädikat. Die Lösungen findest du auf Seite 78. Übersetze nach der Bestimmung den Satz. Denke an Passivformen!

(2) Helvetii reliquos Gallos virtute praecedunt.

Wieder dasselbe Spiel: Welches Wort (mit Ergänzung) ist das Prädikat, welches das Subjekt des Satzes? In welchem Fall steht *Helvetii*, in welchem *reliquos Gallos*? *virtute praecedere* = an Tapferkeit übertreffen.

(3) Fere cotidianis proeliis cum Germanis contendunt.

Kleine Hilfen: Bedenke, dass Subjekt und Prädikat in einem Wort befindlich sein können. Blocke *proeliis contendere* (kämpfen) und *cum Germanis*.

(4) Belgae fortissimi sunt, propterea quod a cultu atque humanitate provinciae longissime absunt.

Belgae = Nom. Pl.; *fortissimi* von *fortis*; *propterea quod* (deshalb weil); *cultus atque humanitas* (Kultur und höhere Bildung); *longissime* von *longe*; *absunt* von *abesse* (entfernt sein).

(5) Apud Helvetios Orgetorix longe nobilissimus et ditissimus est.

Nenne mir Subjekt und Prädikat. *ditissimus* = *divitissimus* von *divis* (reich).

(6) Is M. Messala (et) M. Pisone consulibus regni cupiditate inductus coniurationem nobilitatis fecit.

Hilfen: *M. Messala (et) M. Pisone consulibus* (unter dem Konsulat von ...); blocke *regni cupiditate inductus* (durch Herrschaftsverlangen veranlasst) und *coniurationem (nobilitatis) fecit* (eine Verschwörung anzetteln). *is* = er (gemeint ist Orgetorix).

Wenn du dies hier liest, hast du die vorherigen Sätze lebend überstanden, bravo! Jetzt aber nicht schlapp machen. Halte dich an meinen Vorschlag, stets zuerst nach Prädikat und Subjekt zu schauen und dann zu blocken, ggf. auch zu trennen, aber so lang sind die Sätze noch nicht. Und weiter geht's!

(7) His rebus adducti et auctoritate Orgetorigis permoti constituerunt ea, quae ad proficiscendum pertinerent, comparare.

Hilfen: Du kannst *his rebus adducti* (hierdurch veranlasst) und *auctoritate Orgetorigis permoti* blocken. *Ea, quae* (das, was) leitet einen Relativsatz ein, so dass *constituerunt ea comparare* zusammengehört. Was ist Prädikat, was Subjekt? Falls du Probleme haben solltest, kannst du dir den Satz herausschreiben und ihn so einrücken, dass der Nebensatz (von *quae* bis *pertinerent*) erst einmal außer Acht gelassen werden kann.

(8) Germani multum ab hac consuetudine differunt.

Der Satz ist leichter, nicht wahr? Auch hier wieder die Frage nach Subjekt und Prädikat: Wer macht was? *Ab consuetudine differre* (sich von einem Brauch unterscheiden). Warum heißt es *consuetudine* und nicht *consuetudo*?

(9) Agriculturae non student.

Dieses Sätzchen sollte dir keine Probleme bereiten. *Agricultura, auch: agri cultura* (Ackerbau). Welche Form ist *agriculturae* und warum steht sie?

Lernvokabular

abesse, absum, afui, - - entfernt sein
adducere, -o, -duxi, -ductum - veranlassen, hinführen
apud (Präp. m. Akk.) - bei
auctoritas, -atis f. - Ansehen
comparare, -o, -avi, -atum - vorbereiten
constituere, -uo, -ui, -utum - beschließen
consuetudo, -tudinis f. - Angewohnheit
cotidianus, -a, -um - täglich
dividere, -o, -visi, -visum - teilen, trennen
fere - fast
fortis, -e - tapfer
longe, longissime - bei weitem, weit
nobilis, -e - vornehm
permovere, -eo, -i, -motum - bewegen
pertinere, -eo, -ui, - - sich erstrecken; betreffen, dienen
propterea quod - (deswegen) weil
provincia, -ae f. - Provinz
regnum, -i n. - Herrschaft
studere, -eo, -ui, - - sich bemühen, beschäftigen
tres, -ia - drei

....

Galli, -orum m. - die Gallier
Germani, -orum m. - die Germanen
Belgae, -arum m. - die Belg(i)er
Helvetii, -orum m. - die Helvetier

....

tum - da, damals, danach
impedimenta, -orum n. - Gepäck
impetus, -us m. - Ansturm, Angriff
murus, -i m. - Mauer
paulo/paulum - (ein) wenig

Zum Nachdenken

coniuratio = Verschwörung
coniurare = ?

cupiditas = Begierde, Verlangen
cupidus, -a, -um = ?

(Schlage in deinem Wörterbuch nach!)

2. Tag

Du fühlst dich reif für die 2. Lektion? Prima! An dieser Stelle möchte ich dich das erste Mal mit einem Originalabschnitt konfrontieren. Keine Sorge: Am Anfang werde ich dir noch genügend Hilfen geben. Lies dir den gesamten Abschnitt zunächst 2-3 mal sorgfältig durch und versuche, zumindest grob, den Inhalt zu erfassen. Also: Um was geht es überhaupt? Viel Erfolg!

BG; 1. Buch; 1. Kapitel

(1) Gallia est omnis divisa in partes tres, quarum unam incolunt Belgae, aliam Aquitani, tertiam qui ipsorum lingua Celtae, nostra Galli appellantur. (2) Hi omnes lingua, institutis, legibus inter se differunt. (3) Gallos ab Aquitanis Garumna flumen, a Belgis Matrona et Sequana dividit. (4) Horum omnium fortissimi sunt Belgae, propterea quod a cultu atque humanitate provinciae longissime absunt, minimeque ad eos mercatores saepe commeant atque ea, quae ad effeminandos animos pertinent, important, proximique sunt Germanis, qui trans Rhenum incolunt, quibuscum continenter bellum gerunt. (5) Qua de causa Helvetii quoque reliquos Gallos virtute praecedunt, quod fere cotidianis proeliis cum Germanis contendunt, cum aut suis finibus eos prohibent aut ipsi in eorum finibus bellum gerunt. (6) Eorum una pars, quam Gallos obtinere dictum est, initium capit a flumine Rhodano, continetur Garumna flumine, Oceano, finibus Belgarum, attingit etiam ab Sequanis et Helvetiis flumen Rhenum, vergit ad septentriones. (7) Belgae ab extremis Galliae finibus oriuntur, pertinent ad inferiorem partem fluminis Rheni, spectant in septentrionem et orientem solem. (8) Aquitania a Garumna flumine ad Pyrenaeos montes et eam partem Oceani, quae est ad Hispaniam pertinet; spectat inter occasum solis et septentriones.

178 Wörter

Keine Sorge: Keiner verlangt von dir, dass du alles verstehst. Notiere dir am besten direkt deine ersten Gedanken. Was enthält dieses erste Kapitel? Es genügen Stichpunkte. Jetzt kommen dir vielleicht verschiedene Fragen: Wie gehe ich richtig an diesen Text heran? Was muss ich beachten? Welche Methode eignet sich am besten?
Ich werde auf den folgenden Seiten Satz für Satz übernehmen. Du

kannst dir daher auch auf je ein Blatt oder eine Heftseite einen Satz, jedenfalls die längeren, herausschreiben. Weiteres folgt. Lies dir den Text nun noch einmal durch, bevor du zu den Übersetzungsübungen übergehst. Und los geht's!

(1) Gallia est omnis divisa in partes tres, quarum unam incolunt Belgae, aliam Aquitani, tertiam qui ipsorum lingua Celtae, nostra Galli appellantur.

Den ersten Teil, den Hauptsatz, haben wir in vereinfachter Form bereits behandelt. Es folgt eine aufzählende Erläuterung. Übersetze zunächst den ersten Abschnitt von *Gallia* bis *tres*. Aufzählung: *unam ... aliam ... tertiam. Ipsorum lingua* = in ihrer eigenen Sprache; *appellantur* = genannt werden.

(2) Hi omnes lingua, institutis, legibus inter se differunt.

Hi omnes (diese alle, all diese), gemeint sind die o. g. Stämme. *Inter se differre* = sich voneinander unterscheiden. lingua (Sprache), institutum (Sitte).

(3) Gallos ab Aquitanis Garumna flumen, a Belgis Matrona et Sequana dividit.

An diesem Satz kannst du gut erkennen, dass das Subjekt nicht am Satzanfang stehen muss. Suche daher zuerst Prädikat und Subjekt und frage dich dann durch den Satz. *Garumna* (Garonne), *Matrona* (Marne) und *Sequana* (Seine) sind Flussnamen.

(4) Horum omnium fortissimi sunt Belgae, propterea quod a cultu atque humanitate provinciae longissime absunt, minimeque ad eos mercatores saepe commeant atque ea, quae ad effeminandos animos pertinent, important, proximique sunt Germanis, qui trans Rhenum incolunt, quibuscum continenter bellum gerunt.

Horum omnium = von all diesen; *propterea quod* = deshalb weil; *cultus atque humanitas* = Kultur und höhere Bildung; *ad effeminandos animos* = um den Geist zu verweichlichen; *bellum gerere* = Krieg führen. Diesen Satz sind wir bereits einmal durchgegangen. Versuche dich hier vielleicht selbst einmal an der Einrückmethode (vgl. S. 22). *mercatores commeant* = Kaufmänner verkehren, gehen ein und aus. *importare* = importieren, einführen.

(5) Qua de causa Helvetii quoque reliquos Gallos virtute praecedunt, quod fere cotidianis proeliis cum Germanis contendunt, cum aut suis finibus eos prohibent aut ipsi in eorum finibus bellum gerunt.

Qua de causa = aus diesem Grund; *quoque* = auch; *virtute praecedere* = an Tapferkeit übertreffen; *quod* = weil; *cum* = indem; *eos prohibere* = sie fernhalten; *in eorum finibus* = auf deren Gebiet.

(6) Eorum una pars, quam Gallos obtinere dictum est, initium capit a flumine Rhodano, continetur Garumna flumine, Oceano, finibus Belgarum, attingit etiam ab Sequanis et Helvetiis flumen Rhenum, vergit ad septentriones.

dictum est von *dicere* = wie gesagt; *initium capere* = seinen Anfang nehmen; *vergit ad septentriones* = er erstreckt sich nach Norden.

(7) Belgae ab extremis Galliae finibus oriuntur, pertinent ad inferiorem partem fluminis Rheni, spectant in septentrionem et orientem solem.

Belgae kann auch das Gebiet der Belgier sein. Blocke *extremis finibus*; *oriri* = beginnen; *ad inferiorem partem Rheni pertinere* = sich (bis) zum Unterlauf des Rheins erstrecken; *septentrio et oriens sol* = Nordosten. *spectare* = schauen, liegen.

(8) Aquitania a Garumna flumine ad Pyrenaeos montes et eam partem Oceani, quae est ad Hispaniam pertinet; spectat inter occasum solis et septentriones.

Pyrenaei montes = die Pyrenäen; *Hispania* = Spanien; *occasus sol et septentrio* = Nordwesten.

2. Teil

Aufgaben zum Text

G

1. Auf was bezieht sich das *quarum* im ersten Satz?
2. In welchem Kasus (Fall) steht *lingua, institutis, legibus*?
3. Nenne das Subjekt im 3. Satz (*Gallos ab...*)!
4. Welche Steigerungsform ist *fortissimi*?
5. Nenne alle Enklisen (Anhängsel: *-que* und *-cum*) des Abschnitts!
6. Im 5 Satz (*Qua de causa...*) wird das *cum* mit *indem*, nicht als *mit* übersetzt. Schlage im Basiswortschatz alle Übersetzungsmöglichkeiten für *cum* und *ut* nach und schreibe sie dir auf! So prägt es sich besser ein.

Formenbestimmung

F

Nach dem Schema der Überlebensgrammatik bestimmst du bitte folgende Formen. Ich habe sie direkt dem BG entnommen, weshalb du ihnen sehr häufig begegnen wirst, ein wahrer Praxistest also.
1. quod **2.** qui **3.** quae **4.** his **5.** est **6.** eo **7.** quam **8.** omnibus **9.** omnes **10.** castris **11.** eorum **12.** eius **13.** erat **14.** rebus **15.** quo **16.** hostes

G

Infokasten Grammatik: Die Zeitenbildung

Konjugation	Inf. Präs.	Präsens-stamm	Perfekt-stamm	PPP-Stamm
a-Konj.	confirmare	confirm(a)-	confirmav-	confirmat-
e-Konj.	tenere	tene-	tenu-	tent-
i-Konj.	audire	audi-	audiv-	audit-
gem. Konj.	facere	faci-	fec-	fact-
kons. Konj.	agere	ag-	eg-	act-

Mit Hilfe der Stämme kannst du dir die Zeiten »zusammenpuzzlen«, indem du nach Stamm, ggf. Einschub und Endung unterscheidest.

Auf der nächsten Seite findest du die wichtigsten Zeitformen.

Personalendungen:

	Präsens Akt.	Präsens Pass.	Perfekt Akt.
1. Per. Sg.	-m/-o	-(o)r	-i
2. Per. Sg.	-s	-ris	-isti
3. Per. Sg.	**-t**	**-tur**	**-it**
1. Per. Pl.	-mus	-mur	-imus
2. Per. Pl.	-tis	-mini	-istis
3. Per. Pl.	**-nt**	**-ntur**	**-erunt**

Präsens Indikativ Aktiv
Präsensstamm + Personalendung Präsens Aktiv, z. B. audi-t, audi-u-nt

Präsens Indikativ Passiv
Präsensstamm + Personalendung Präsens Passiv, z. B. audi-tur

Perfekt Indikativ Aktiv
Perfektstamm + Personalendung Perfekt Aktiv, z. B. audiv-it, audiv-erunt

Perfekt Indikativ Passiv
PPP-Stamm + Präsensformen (Ind.) von esse, z. B. auditus est

Imperfekt Indikativ Aktiv
Präsensstamm + (e)ba + Personalendung Präsens Aktiv, z. B. audi-eba-t, audi-eba-nt

Plusquamperfekt Indikativ Aktiv
Perfektstamm + era + Personalendung Präsens Aktiv, z. B. audiv-era-t, audiv-era-nt

Imperfekt Konjunktiv Aktiv
Infinitiv Präsens + Personalendung Präsens Aktiv, z. B. audire-t

Plusquamperfekt Konjunktiv Aktiv
Infinitiv Perfekt + Personalendung Präsens Aktiv, z. B. audivisse-t

Lernvokabular

V

appellare, -o, -avi, -atum - nennen
attingere, -o, -tigi, -tactum - berühren
capere, -io, cepi, captum - fangen, fassen
continenter - ständig, ununterbrochen
continere, -eo, -ui, -tentum - (fest)halten
dicere, -o, dixi, dictum - sagen, meinen
extremus, -a, -um - der äußerste
incolere, -o, -ui, -cultum - (be)wohnen
inferior, -ius - der untere
initium, -i n. - Anfang, Beginn
initium capere - beginnen, seinen Anfang nehmen
lex, legis f. - Gesetz
minus, minime - weniger, keineswegs
mons, montis m. - Berg
obtinere, -eo, -ui, -tentum - innehaben
oriri, -ior, -ortus sum - entstehen
prohibere, -eo, -ui, -itum - fernhalten, hindern
saepe - oft
trans *(Präp. m. Akk.)* - jenseits, über

Ergänzungsvokabular

accidere, -o, -cidi, - - geschehen
adventus, -us m. - Ankunft
agere, -o, egi, actum - tun, machen, verhandeln
annus, -i m. - Jahr
hiberna, -orum n. - Winterlager
ibi - dort
ita - so
salus, -utis f. - Wohl(ergehen), Rettung
signum, -i n. - Zeichen
vis, vim (Akk. Sg.), vi (Abl. Sg.), vires (Nom. Pl.) - Kraft, Gewalt

3. Tag

Frohen Mutes, wie ich hoffe, geht es in den dritten Tag. Der folgende Abschnitt folgt auf den des Vortages und berichtet von den Helvetiern.

T

BG; 1. Buch; 2. Kapitel
(1) Apud Helvetios longe nobilissimus fuit et ditissimus Orgetorix. (2) Is M. Messala (et) M. Pisone consulibus regni cupiditate inductus coniurationem nobilitatis fecit et civitati persuasit, ut de finibus suis cum omnibus copiis exirent: (3) perfacile esse, cum virtute omnibus praestarent, totius Galliae imperio potiri. (4) Id hoc facilius iis persuasit, quod undique loci natura Helvetii continentur: (5) una ex parte flumine Rheno latissimo atque altissimo, qui agrum Helvetium a Germanis dividit; (6) altera ex parte monte Iura altissimo, qui est inter Sequanos et Helvetios; (7) tertia lacu Lemanno et flumine Rhodano, qui provinciam nostram ab Helvetiis dividit. (8) His rebus fiebat, ut et minus late vagarentur et minus facile finitimis bellum inferre possent; (9) qua ex parte homines bellandi cupidi magno dolore adficiebantur. (10) Pro multitudine autem hominum et pro gloria belli atque fortitudinis angustos se fines habere arbitrabantur, qui in longitudinem milia passuum CCXL, in latitudinem CLXXX patebant.

140 Wörter

Wieder gilt: Lies dir den Text zuerst in Ruhe mehrfach durch. Notiere dir das Verstandene und vergleiche nach deiner Übersetzung. Je mehr du vor dem Übersetzen verstanden hast, desto leichter wird es dir fallen.

Apud Helvetios longe nobilissimus fuit et ditissimus Orgetorix.

Dieser Satz ist dir bereits in abgewandelter Form begegnet. Zur Erinnerung: *ditissimus* = *divitissimus* von *dives*. Häufig wird ein im Wort enthaltenes -vi- oder -ve- gestrichen, z. B. statt *laudavistis* nur *laudastis*.

Is M. Messala (et) M. Pisone consulibus regni cupiditate inductus coniurationem nobilitatis fecit et civitati persuasit, ut de finibus suis cum omnibus copiis exirent:

Der Anfang dürfte dir auch bekannt vorkommen. Versuche dich ohne Hilfen an ihm. Auch hier gilt es wieder, mit der Suche nach Prädikat und Subjekt zu beginnen und sich dann durch den restlichen Satz zu fragen. *exire* - emigrieren, auswandern.

perfacile esse, cum virtute omnibus praestarent, totius Galliae imperio potiri.

Übersetze das *esse* an dieser Stelle am besten mit »sei«, da es indirekt gesprochen ist. *per-* am Anfang = sehr, also *perfacile* = sehr leicht. *cum* = *quod*; *totius* ist der Gen. Sg. von *totus*; *potiri* = sich bemächtigen.

Id hoc facilius iis persuasit, quod undique loci natura Helvetii continentur:

facilius ist der Komparativ zu *facilis*. *loci natura* = natürliche Grenzen.

Kleine Erläuterung:
una ex parte = auf einer Seite; altera ex parte = auf der anderen Seite; tertia ex parte = auf der dritten Seite; qua ex parte = aus dieser Gegend

una ex parte flumine Rheno latissimo atque altissimo, qui agrum Helvetium a Germanis dividit;

Diesen Satz kannst du alleine übersetzen. Bei Problemen darfst du natürlich mit meiner Musterübersetzung vergleichen bzw. diese zu verstehen versuchen.

altera ex parte monte Iura altissimo, qui est inter Sequanos et Helvetios;

mons Iura = das Jura-Gebirge.

tertia lacu Lemanno et flumine Rhodano, qui provinciam nostram ab Helvetiis dividit.

lacus Lemannus = der Genfer See.

His rebus fiebat, ut et minus late vagarentur et minus facile finitimis bellum inferre possent;

his rebus fiebat = Diese Lage brachte es mit sich. *minus late vagarentur* = nicht besonders weit umherschweifen. *minus facile* = nicht leicht; *bellum inferre* = Krieg beginnen.

qua ex parte homines bellandi cupidi magno dolore adficiebantur.

homines bellandi cupidi = kriegerisch gesinnte Menschen; *magno dolore adficiebantur* = sie schmerzte (es) sehr.

Pro multitudine autem hominum et pro gloria belli atque fortitudinis angustos se fines habere arbitrabantur, qui in longitudinem milia passuum CCXL, in latitudinem CLXXX patebant.

multitudo hominum = Einwohnerzahl (eigtl. Menschenmenge). gloria belli = Kriegsruhm. Denkübung: longitudo = Länge (vgl. longus). Was heißt also fortitudo (zu fortis) und latitudo (zu latus)? (Lösungen s. Seite 80).
CCXL = 240; *CLXXX* = 180.

F Verbformen-Mix
Bestimme die folgenden Verbformen nach bekanntem Schema!

1. esse **2.** est **3.** erat **4.** sunt **5.** erant **6.** uti **7.** esset **8.** posse **9.** possent **10.** posset **11.** iubet **12.** facere **13.** mittit **14.** habere **15.** fuit **16.** essent **17.** iussit **18.** coeperunt **19.** sit **20.** contendit **21.** constituit **22.** transire **23.** pervenit **24.** fieri **25.** imperat.

Infokasten Grammatik: Die unregelmäßigen Verben

Caesar verwendet in seinem Gallischen Krieg vor allem die folgenden Formen unregelmäßiger Verben:

» **esse**, sum, fui, (futurum/fore)
esse = Inf. Präsens
est/sunt = 3. Per. Sg./Pl. Präsens Ind. Akt.
erat/erant = 3. Per. Sg./Pl. Imperfekt Ind. Akt.
esset/essent = 3. Per. Sg./Pl. Imperfekt Konj. Akt.
fuit = 3. Per. Sg. Perfekt Ind. Akt.
sit/sint = 3. Per. Sg./Pl. Präsens Konj. Akt.
fuisse = Infinitiv Perfekt

(Bedenke, dass die Formen von esse auch Zeitformen anderer Verben bilden können, z. B. divisa est)

» **posse**, possum, potui, -
posse = Infinitiv Präsens
posset/possent = 3. Per. Sg./Pl. Imperfekt Konj. Akt.
poterat/poterant = 3. Per. Sg./Pl. Imperfekt Ind. Akt.
possit/possint = 3. Per. Sg./Pl. Präsens Konj. Akt.
potest = 3. Per. Sg. Präsens Ind. Akt.
potuit/potuerunt = 3. Per. Sg./Pl. Perfekt Ind. Akt.

» **velle**, volo, volui, -
velit/velint = 3. Per. Sg./Pl. Präsens Konj. Akt.
vellet/vellent = 3. Per. Sg./Pl. Imperfekt Konj. Akt.

» **ire**, eo, ii, itum

» **ferre**, fero, tuli, latum

» **fieri**, fio, factus sum *(denke dir fieri als Passiv zu facere!)*
fieri = Infinitiv Präsens
fit/fiunt = 3. Per. Sg./Pl. Präsens Ind. Akt.
fiebat = 3. Per. Sg. Imperfekt Ind. Akt.
fierent = 3. Per. Pl. Imperfekt Konj. Akt.
factus/a/um est= 3. Per. Sg. Perfekt Ind. Pass.
factus/a/um erat = 3. Per. Sg. Plusquamperfekt Ind. Pass.

Kurzbiographie: Gaius Iulius Caesar

~ ***100:*** C. Iulius Caesar wird am 13.7. als Sohn einer altadeligen Familie (Patriziat) in Rom geboren.
82: Caesar, der sich C. Marius angeschlossen hat, gerät nach Rückkehr Sullas, eines politischen Gegners des Marius, auf die Proskriptionslisten (öffentl. aufgestellte Tafeln mit den Namen aller, für deren Ermordung eine Belohnung versprochen wurde) und flüchtet bis zu Sullas Tod im Jahre 78 v. Chr. in den Osten.
~ ***68:*** Caesar wird Quaestor in Spanien.
65: Caesar gewinnt als curulischer Aedil durch Ausrichtung prunkvoller Spiele das Volk für sich.
63: Caesar wird Pontifex Maximus.
62: Caesar wird Propraetor in Spanien.
60: 1. Triumvirat mit Pompeius und Crassus.
59: Caesar wird Konsul.
58: Caesar wird Prokonsul in Gallien. Sieg über die von Ariovist angeführten Sueben.
56: Caesar wird für weitere 5 Jahre Prokonsul in Gallien.
55: Caesar dringt über den Rhein in germanisches Gebiet vor.
52: Caesar schlägt den gallischen Aufstand unter Vercingetorix nieder.
49: Erneute Bewerbung Caesars um das Konsulat. Der Antrag wird jedoch vom Senat abgelehnt. Der Senat gibt Pompeius diktatorische Vollmachten und entzieht Caesar das Kommando über Heer und Verwaltung in Gallien. Überschreitung des Rubikon mit den Worten *alea iacta est* (Der Würfel ist gefallen.). Eroberung Italiens und Spaniens.
48: Sieg Caesars über Pompeius. Caesar lernt in Alexandria Kleopatra kennen.
45: Caesar wird zum Diktator auf Lebzeit ernannt. Adoption des Großneffen Octavius, des späteren Kaisers Augustus.
44: Caesar lehnt zwar die Ernennung zum König ab, wird jedoch trotzdem an den Iden des März (= 15.3.) von Republikanern unter der Führung von Cassius und Brutus ermordet.

V

Lernvokabular

altus, -a, -um - hoch, tief
angustus, -a, -um - eng
arbitrari, -or, -atus sum - glauben, meinen
autem - aber
civitas, -atis f. - Volk, Staat
dolor, -oris m. - Schmerz
exire, -eo, -ii, -itum - hinausgehen, auswandern
finitimus, -a, -um - benachbart
finitimi, -orum m. - die Nachbarn, benachbarte Stämme
inferre, infero, intuli, illatum - (hinein)bringen, beginnen
bellum inferre - Krieg beginnen
signa inferre - angreifen
latus, -a, -um/late (Adv.) - breit, weit
natura, -ae f. - Natur
patere, -eo, -ui, - - sich erstrecken
persuadere, -eo, -suasi, -suasum - überreden, überzeugen
potiri, -ior, -itus sum - (sich) bemächtigen
praestare, -o, -avi, -atum - übertreffen
tertius, -a, -um - der dritte
undique - von allen Seiten, überall

Ergänzungsvokabular

cohors, cohortis f. - Kohorte *(10. Teil einer Legion)*
nam - denn, nämlich
nihil - nichts
acies, aciei f. - Schlacht(ordnung), Heer
sine *(Präp. m. Abl.)* - ohne
spatium, -ii n. - Entfernung, Abstand, Zeit
uterque, utraque, utrumque - jeder
itaque - deshalb
post *(Präp. m. Akk.)* - (da)nach, hinter
ratio, -onis f. - Überlegung, Art und Weise, Berechnung
regio, -onis f. - Gegend, Region

4. Tag

Du kannst stolz auf dich sein: Ein guter Teil der Arbeit liegt bereits hinter dir und auch den ersten Schock hast du gut überstanden. Auch wenn jetzt wieder ein großer und vielleicht bedrohlich wirkender Textblock vor dir liegt - sieh es positiv! Das halbe Buch hast du schon durchgearbeitet, es lohnt sich gar nicht mehr, aufzugeben. Und weiter geht's!

BG; 1. Buch; 3. Kapitel

(1) His rebus adducti et auctoritate Orgetorigis permoti constituerunt ea, quae ad proficiscendum pertinerent, comparare, iumentorum et carrorum quam maximum numerum coemere, sementes quam maximas facere, ut in itinere copia frumenti suppeteret, cum proximis civitatibus pacem et amicitiam confirmare. (2) Ad eas res conficiendas biennium sibi satis esse duxerunt; in tertium annum profectionem lege confirmant. (3) Ad eas res conficiendas Orgetorix deligitur. (4) Is sibi legationem ad civitates suscipit. (5) In eo itinere persuadet Castico, Catamantaloedis filio, Sequano, cuius pater regnum in Sequanis multos annos obtinuerat et a senatu populi Romani amicus appellatus erat, ut regnum in civitate sua occuparet, quod pater ante habuerit; (6) itemque Dumnorigi Haeduo, fratri Diviciaci, qui eo tempore principatum in civitate obtinebat ac maxime plebi acceptus erat, ut idem conaretur persuadet eique filiam suam in matrimonium dat. (7) Perfacile factu esse illis probat conata perficere, propterea quod ipse suae civitatis imperium obtenturus esset: (8) non esse dubium, quin totius Galliae plurimum Helvetii possent; (9) se suis copiis suoque exercitu illis regna conciliaturum confirmat. (10) Hac oratione adducti inter se fidem et ius iurandum dant et regno occupato per tres potentissimos ac firmissimos populos totius Galliae sese potiri posse sperant.

184 Wörter

Namenserklärungen zum besseren Verständnis:
Orgetorix = reicher Helvetier
Casticus = Sohn des Catamantaloedes
Catamantaloedes = Sequanerhäuptling
Dumnorix = einflussreicher Haeduer
Diviciacus = Bruder des Dumnorix

(1) His rebus adducti et auctoritate Orgetorigis permoti constituerunt ea, quae ad proficiscendum pertinerent, comparare, iumentorum et carrorum quam maximum numerum coemere, sementes quam maximas facere, ut in itinere copia frumenti suppeteret, cum proximis civitatibus pacem et amicitiam confirmare.

Den ersten Teil des Satzes hast du bereits übersetzt. Schlage erforderlichenfalls nach. *iumenta, -orum* = Zugvieh; *carrus* = Karren, Wagen; *quam maximus* = möglichst viel/groß; *coemere* = auf-, zusammenkaufen; *sementes facere* = Land bestellen, Aussaat machen; *suppetere* = (reichlich) vorhanden sein.

(2) Ad eas res conficiendas biennium sibi satis esse duxerunt; in tertium annum profectionem lege confirmant. (3) Ad eas res conficiendas Orgetorix deligitur.

Ad eas res conficiendas = Für die Ausführung/Vollendung dieser Dinge; *biennium* = Dauer von zwei Jahren; *profectio* = Aufbruch; *lege* von *lex*.

(4) Is sibi legationem ad civitates suscipit. (5) In eo itinere persuadet Castico, Catamantaloedis filio, Sequano, cuius pater regnum in Sequanis multos annos obtinuerat et a senatu populi Romani amicus appellatus erat, ut regnum in civitate sua occuparet, quod pater ante habuerit;

legationem suscipere = eine Gesandtschaftsreise unternehmen; *Sequanus* = Sequaner; *regnum in Sequanis obtinere* = die Herrschaft über die Sequaner besitzen/innehaben; *populi Romani amicus* = Ehrentitel, übersetzen musst du ihn schon selbst ;)

(6) itemque Dumnorigi Haeduo, fratri Diviciaci, qui eo tempore principatum in civitate obtinebat ac maxime plebi acceptus erat, ut idem conaretur persuadet eique filiam suam in matrimonium dat.

Haeduus = Haeduer; *plebs* = das (niedere) Volk; *conaretur* von *conari*; *ei filiam suam in matrimonium dat* = er gab ihm seine Tochter zur Frau.

(7) Perfacile factu esse illis probat conata perficere, propterea quod ipse suae civitatis imperium obtenturus esset:

factu ist ein sog. Supin, übersetze mit »zu machen/zu bewerkstelligen«. *conata* von *conari*; *obtenturus esset* von *obtinere*.

(8) non esse dubium, quin totius Galliae plurimum Helvetii possent; se suis copiis suoque exercitu illis regna conciliaturum confirmat.

non esse dubium - kannst du dir sicher denken, oder? *totius* von *totus* (Gen. Sg.); *plurimum* kannst du dir doch auch ableiten, nicht wahr? *conciliaturum* von *conciliare* = vereinigen, gewinnen.

(10) Hac oratione adducti inter se fidem et ius iurandum dant et regno occupato per tres potentissimos ac firmissimos populos totius Galliae sese potiri posse sperant.

hac oratione adducti = durch diese Rede veranlasst; *ius iurandum* = Eid.

Diese typischen <u>Einleitungen</u> musst du dir gut einprägen, übersetze!

Ad eas res conficiendas ... Für die Ausführung/Vollendung dieser D
Omnibus rebus comparatis ... Nachdem alle Dinge vorbereitet waren
Quibus/His rebus cognitis ... Nachdem (er) dies erfahren hatte
His rebus fiebat ... Diese Lage brachte es mit sich
His rebus gestis ... Nach Ausführung dieser Dinge
His rebus adducti ... hierdurch veranlasst
Hac oratione adducti ... Durch diese Rede veranlasst
Hac oratione habita ... Nachdem (er) diese Rede gehalten hat
His nuntiis acceptis ... Nachdem (er) diese Nachrichten empfang
His nuntiis commotus ... Von diesen Nachrichten (sehr) bewegt,
Bello facto/confecto ... Der vollendete Krieg, nachdem der Krieg
Hoc proelio nuntiato ... z.B.: Nachdem er von dieser Schlacht
Caesar animadvertit ... Caesar bemerkt
Apud eos/Helvetios ... Bei ihnen/den Helvetiern
In eo itinere ... Auf dieser Reise
Cum in Italiam proficisceretur ... Als er nach Italien aufbrach

Ich meine es übrigens mit dem Phrasenlernen sehr ernst. Es kostet schon genügend Zeit, einzelne Vokabeln nachzuschlagen. Bei Wendungen ist das noch einmal wesentlich schwieriger!

Über Gallien und die Gallier

Die »Beziehungen« zwischen Galliern und Römern reichen bis in die Frühzeit Roms zurück und waren stets feindlicher Natur, wobei die Römer stets auf die Defensive bedacht waren.
Im Hintergrund wirkte sicher ein Trauma nach, da Rom im 4. Jh. v. Chr. sogar durch die Gallier erobert worden war - eine empfindliche Niederlage also für die aufstrebende Stadt, damals noch alles andere als ein Imperium.
Beschreibungen zu Land und Leuten entnimmst du den Quellentexten jeder Lektion, also den Originalen. Solltest du dich näher mit den Galliern auseinandersetzen wollen/müssen, so ist eine Recherche im Internet zu empfehlen - oder ein Besuch der nächsten Bibliothek ;)

Infokasten Grammatik: Die Steigerung (Komparation)

Adjektive und Adverbien können gesteigert werden.

	Endung	Übersetzung
Komparativ	-ior, -ius, z. B. fortior, -ius	Adj./Adv. + -er, z. B. tapferer
Superlativ	-issimus, -a, -um -illimus, -a, -um -errimus, -a, -um	am + ...sten, z. B. am tapfersten
Elativ		sehr, z. B. sehr tapfer

Unregelmäßige Steigerung:

Positiv	Komparativ	Superlativ
bonus, -a, -um	melior, -ius	optimus, -a, -um
magnus, -a, -um	maior, -ius	maximus, -a, -um
parvus, -a, -um	minor, -us	minimus, -a, -um
multi, -ae, -a	plures, -a	plurimi, -ae, -a

Lernvokabular

amicitia, -ae f. - Freundschaft
amicus, -i m. - Freund
conari, -or, -atus sum - versuchen
conficere, -io, -feci, -fectum - beenden
confirmare, -o, -avi, -atum - bekräftigen, versichern
deligere, -o, -legi, -lectum - auswählen
ducere, -o, duxi, ductum - führen, meinen
fides, fidei f. - Vertrauen, Treue, Schutz
filius, -ii m. - Sohn
firmus, -a, -um - kräftig, stark
frater, fratris m. - Bruder
item - ebenso
ius iurandum - Eid
legatio, -onis f. - Gesandtschaft
maximus, -a, -um/**maxime** - am größten, meisten
occupare, -o, -avi, -atum - besetzen
oratio, -onis f. - Rede
pater, patris m. - Vater
pax, pacis f. - Friede
perficere, -io, -feci, -fectum - vollenden
potens, -entis - mächtig
principatus, -us m. - Führung
probare, -o, -avi, -atum - prüfen, billigen
quin - dass
satis - genug
senatus, -us m. - Senat
sperare, -o, -avi, -atum - hoffen

Kriegs-Wendungen

bellum gerere - Krieg führen
bellum inferre - Krieg beginnen
bellum conficere - einen Krieg beenden
bellum ducere - einen Krieg in die Länge ziehen

5. Tag

Am heutigen Tag wollen wir uns zwei verschiedene kleine Abschnitte aus dem ersten Buch des BG anschauen, in Ordnung? Solltest du dich nicht absolut fit fühlen, ruhst du lieber eine halbe Stunde oder gehst kurz spazieren. Übermüdet fällt das Lernen wesentlich schwerer.

BG; 1. Buch; 29. Kapitel
(1) In castris Helvetiorum tabulae repertae sunt litteris Graecis confectae et ad Caesarem relatae, quibus in tabulis nominatim ratio confecta erat, qui numerus domo exisset eorum, qui arma ferre possent, et item separatim pueri, senes mulieresque. (2) Quarum omnium rerum summa erat capitum Helvetiorum milia CCLXIII, Tulingorum milia XXXVI, Latobrigorum XIIII, Rauracorum XXIII, Boiorum XXXII; ex his, qui arma ferre possent, ad milia nonaginta duo. (3) Summa omnium fuerunt ad milia CCCLXVIII. (4) Eorum, qui domum redierunt censu habito, ut Caesar imperaverat, repertus est numerus milium C et X.

85 Wörter

Da du ca. die Hälfte des Buchs bereits durchgearbeitet hast und dich langsam an das geforderte Prüfungsniveau herantasten musst, werde ich dir im Folgenden weniger Hilfen geben. Im Notfall vergleichst du einfach mit meiner (etwas freieren) Musterübersetzung.

Wie die Römer zählten

Dir ist sicher bekannt, dass die Römer ihre eigenen Zahlzeichen benutzten, die sich von den unseren, den sog. arabischen Zahlzeichen, stark unterscheiden.

I = 1 • V = 5 • X = 10 • L = 50 • C = 100 • D = 500 • M = 1.000

Zur Wiederholung des sicher in der Grundschule Gelernten:
Im Unterschied zu uns »bauten« sich die Römer ihre Zahlen.
Bsp.: XXXVI = 10 + 10 + 10 + 5 + 1 = 36.
Die größere Zahl steht vor der kleineren. Steht eine kleinere Zahl vor einer größeren, wird sie von dieser abgezogen.
Bsp.: IX = 1 und 10; 1 < 10, also 10 - 1 = 9.

Forme um: CCLXIII; XIIII; XXIII; XXXII; CCCLXVIII; C et X.

Lösung:263; 14; 23; 32; 368; 110.

Information

Ab dem heutigen Tag gebe ich dir nicht mehr zu jedem Satz Hilfen. Wie bei der Prüfung/Klausur bekommst du nur noch unbekannte Phrasen übersetzt und Hilfestellungen bei komplexerem Satzbau. Vergessene oder nicht gelernte Vokabeln schlägst du selbstständig nach - so übst du dich im Umgang mit dem Wörterbuch.

Viel Erfolg!

H

Hilfen (zu BG; 1. Buch; 29. Kapitel)

tabula > nachschlagen
repertae von *reperire*
confectae von *conficere*
relatae von *referre*
nominatim > nachschlagen
separatim > nachschlagen
pueri, senes, mulieres - Kinder, Alte und Frauen
censum habere - eine (Volks-)Zählung durchführen

T

BG; 1. Buch; 33. Kapitel

(1) His rebus cognitis Caesar Gallorum animos verbis confirmavit pollicitusque est sibi eam rem curae futuram; (2) magnam se habere spem et beneficio suo et auctoritate adductum Ariovistum finem iniuriis facturum. (3) Hac oratione habita, concilium dimisit. (4) Et secundum ea multae res eum hortabantur, quare sibi eam rem cogitandam et suscipiendam putaret, inprimis, quod Haeduos fratres consanguineosque saepe numero a senatu appellatos, in servitute atque in dicione videbat Germanorum teneri eorumque obsides esse apud Ariovistum ac Sequanos intellegebat; quod in tanto imperio populi Romani turpissimum sibi et rei publicae esse arbitrabatur.

89 Wörter

Wenn du dir den Text in Ruhe zwei bis dreimal durchgelesen hast, kannst du an die Übersetzungsübungen gehen. Im Folgenden werde ich dich nicht mehr daran erinnern, zunächst nach Prädikat und Subjekt zu schauen. Diesen Lerneffekt erwarte ich nun schon von dir...

Hilfen (zu BG; 1. Buch; 33. Kapitel) H

pollicitus von *polliceri*
spem magnam habere - große Hoffnung haben
facturum von *facere*
orationem habere - eine Rede halten
consanguineus, -i m. - > nachschlagen
turpis > nachschlagen

Infokasten Grammatik: nd-Formen G

Kurzübersicht:

- Übersetze grundsätzlich mit »zu« (*faciendum* - zu tun)
- Steht ein *»esse«* beim Gerundivum, übersetze mit »etwas (tun) müssen«
- Gerundiv bei Verneinung (z. B. ne, non): »etwas nicht dürfen«

Das Gerundium besitzt ausschließlich folgende Endungen:
-re (Infinitiv), **-i**, **-um** und **-o**.
Bsp.: *Ea, quae* ***ad proficiscendum*** *pertinerent, comparant.*

Das Gerundivum hingegen besitzt alle Endungen der **a-/o-Deklination**, so dass z. B. die Formel *ad eas res conficiendas* ein Gerundivum sein muss, da -as die Endung des Akk. Pl. (f.) ist - das Gerundium tritt so nicht auf (s. o.).
Bsp.: *Ea, quae* ***ad effeminandos animos*** *pertinent, important.*

Zum Abkühlen rauchender Köpfe
Hintergrundwissen per Quiz!

1. Wann wurde Caesar ermordet?

O Iden des März 44 n. Chr.
O Iden des August 44 v. Chr.
O Iden des März 44 v. Chr.
O Iden des Mai 44 v. Chr.

2. Wie lautet Caesars voller Name?

O Gaius Iulius Caesaris
O Gaius Iulius Caesar
O Gaius Caesar
O Iulius Caesar?

3. Wann wurde Caesar Konsul?

O 59 v. Chr.
O 100 v. Chr.
O 44 v. Chr.
O 1968

4. Mit wem bildete Caesar einen Dreimännerbund, das sog. Triumvirat?

O Cicero und Pompeius
O Jesus und Ben Hur
O Pompeius und Catull
O Pompeius und Crassus

5. Welcher Ausspruch wird Caesar zugesprochen/nachgesagt?

O Veni, vidi, vici. (Ich kam, sah und siegte.)
O Alea iacta est. (Der Würfel ist gefallen.)
O Ubi bene, ibi patria. (Wo es mir gut geht, (dort) ist meine Heimat.)
O Cogito, ergo sum. (Ich denke, also bin ich.)

Lösungen
1. Iden des März 44 v. Chr.; **2.** Gaius Iulius Caesar; **3.** 59 v. Chr. **4.** Pompeius und Crassus; **5.** Veni, vidi, vici + Alea iacta est.

V

Lernvokabular

beneficium, -ii n. - Wohltat, Verdienst
castra, -orum n. - Lager
concilium, -ii n. - Versammlung
conficere, -io, -feci, -fectum - beenden
dimittere, -o, -misi, -missum - wegschicken
domus, -us f. - Haus
    domo exire - auswandern
    domum redire - nach Hause/in die Heimat zurückkehren
futurus, -a, -um - künftig (-urus = Infinitiv Futur)
Graecus, -a, -um - griechisch
hortari, -or, -atus sum - auffordern
imperare, -o, -avi, -atum - befehlen, anfordern
iniuria, -ae f. - Unrecht
intellegere, -o, -lexi, -lectum - merken, verstehen
litterae, -arum f. - Brief
polliceri, -or, pollicitus sum - versprechen
putare, -o, -avi, -atum - glauben, meinen
redire, -eo, -ii, -itum - zurückkehren
referre, refero, rettuli, relatum - melden, bringen
reperire, -io, repperi, repertum - finden
secundus, -a, -um - der zweite; günstig
servitus, -utis f. - Sklaverei
tenere, -eo, -ui, tentum - (besetzt) halten, haben
videre, -eo, -i, visum - sehen

Wendungen

castra movere - das Lager abbrechen	*castra munire* - das Lager befestigen
e castris proficisci - aus dem Lager aufbrechen	*castra ponere/facere* - ein Lager aufschlagen/aufstellen

Vokabeltest

abesse, animus, annus, autem, cognoscere, convenire, ex, esse, et, exire, facere, frumentum, homo, imperium, mittere, neque, obtinere, petere, quin, regio, se(se), trans, uti, vis.

Zwischentest

An dieser Stelle möchte ich dir zur Wiederholung nützliches, da prüfungsrelevantes Übungsmaterial anbieten. Nützlich deshalb, weil die Formen am häufigsten im Gallischen Krieg vorkommen. Keine Aufgabenstellung bedeutet für dich stets, dass eine hochspannende Formenbestimmung verlangt wird :)

1. Aufgabe

1. quibus **2.** loco **3.** id **4.** eos **5.** ea **6.** eum **7.** hostium **8.** sunt **9.** erant **10.** haec **11.** quos **12.** re **13.** hoc **14.** iis **15.** suis **16.** parte **17.** partem.

2. Aufgabe

1. fore (schlage erforderlichenfalls im Wörterbuch nach) **2.** sint **3.** habebat **4.** coepit **5.** videretur **6.** proficiscitur **7.** ferre **8.** demonstravimus **9.** venire **10.** misit **11.** proficisci **12.** poterant **13.** mittunt **14.** instituit **15.** habent.

3. Aufgabe

Nenne die in den Sätzen enthaltenen Satzkonstruktionen. Schlage evtl. in deiner Grammatik die Begriffe **AcI**, **Abl. abs.** und **PC** noch einmal nach.

1. Orgetorix regni cupiditate inductus coniurationem nobilitatis fecit.
2. Hoc proelio trans Rhenum nuntiato Suebi, qui ad ripas Rheni venerant, domum reverti coeperunt.
3. Legio se esse ad bellum gerendum paratissimam confirmavit.

4. Aufgabe

1. existimabat **2.** sustinere **3.** poterat **4.** possit **5.** fecerunt **6.** accidit **7.** receperunt **8.** possint **9.** habebant **10.** existimabant **11.** convenire **12.** cognoverat **13.** venit **14.** venerunt **15.** petere **16.** inquit.

5. Aufgabe

Schlage zur Übung folgende Begriffe in deinem Wörterbuch nach. Wie in der Prüfung zählt auch jetzt Schnelligkeit. Ich gebe dir 5 Minuten für das Finden der Bedeutungen.

1. movent **2.** cadunt **3.** donatus erat **4.** utebatur **5.** defenderent.

6. Aufgabe
Phrasen, wohin das Auge reicht - finde die passende Übersetzung!

bellum gerere

proeliis contendere

aus diesem Grund

propterea quod

Kämpfe austragen

qua de causa

(deshalb) weil

Krieg führen

7. Aufgabe
Ablative können dir Kopfzerbrechen bereiten, daher hier ein paar gezielte Übersetzungsübungen. Notiere dir nur die Übersetzung des hervorgehobenen Ablativ-Teils.

1. Hi omnes **lingua, institutis, legibus** inter se differunt.
2. [...], propterea quod **a cultu** atque **humanitate** provinciae longe absunt.
3. Qua de causa Helvetii quoque reliquos Gallos **virtute** praecedunt.
4. Belgae **ab extremis finibus** oriuntur.
5. Qua ex parte homines **magno dolore** adficiebantur.
6. In eo itinere [...].
7. Postero die castra **ex eo loco** movent.

8. Aufgabe
Kennst du die Bedeutung der folgenden Wörter noch?
1. in **2.** ad **3.** cum **4.** ut **5.** a, ab **6.** et **7.** qui, quae, quod **8.** is, ea, id **9.** hic, haec, hoc; **10.** bellum **11.** pertinere **12.** proelium **13.** dies **14.** finitimus **15.** inter **16.** legatus **17.** mille **18.** se/sese, sibi.

Lösungen

1. Aufgabe

1. quibus = Dat./Abl. Pl. (m/f/n) von qui, quae, quod; **2.** loco = Dat./ Abl. Sg. von locus; **3.** id = Nom./Akk. Sg. *n.* von is, ea, id; **4.** eos = Akk. Pl. m. von is, ea, id; **5.** ea = Nom./Abl. Sg. *f.*, Nom./Akk. Pl. *n.* von is, ea, id; **6.** eum = Akk. Sg. *m.* von is, ea, id; **7.** hostium = Gen. Pl. von hostis; **8.** sunt = 3. Per. Pl. Präs. Ind. Akt. von esse; **9.** erant = 3. Per. Pl. Imp. Ind. Akt. von esse; **10.** haec = Nom. Sg. *f.*; Nom./Akk. Pl. *n.*; **11.** quos = Akk. Pl. *m.* von qui, quae, quod; **12.** re = Abl. Sg. von res; **13.** hoc = Nom./Akk. Sg. *n.*; Abl. Sg. *m./n.* von hic, haec, hoc; **14.** iis = Dat./Abl. Pl. (m/f/n) von is, ea, id; **15.** suis = Dat./Abl. Pl. (m/f/n) von suus, -a, -um; **16.** parte = Abl. Sg. von pars; **17.** partem = Akk. Sg. von pars.

2. Aufgabe

1. fore = Inf. (Fut. zu esse); **2.** sint = 3. Per. Pl. Präs. Konj. Akt. von esse; **3.** habebat = 3. Per. Sg. Imp. Ind. Akt.; **4.** coepit = 3. Per. Sg. Perf. Ind. Akt. von incipere; **5.** videretur = 3. Per. Sg. Imp. Konj. Pass. von videre; **6.** proficiscitur = 3. Per. Sg. Präs. Ind. Akt. zu proficisci (ist ein Dep., weshalb die Passivendung aktivisch gilt); **7.** ferre = Inf. Präs. ferre; **8.** demonstravimus = 1. Per. Pl. Perf. Ind. Akt. von demonstrare; **9.** venire = Inf. Präs. venire; **10.** misit = 3. Per. Sg. Perf. Ind. Akt. von mittere; **11.** proficisci = Inf. Präs. proficisci; **12.** poterant = 3. Per. Pl. Imp. Ind. Akt. von posse; **13.** mittunt = 3. Per. Pl. Präs. Ind. Akt. von mittere; **14.** instituit = 3. Per. Sg. Präs./Perf. Ind. Akt. von instituere; **15.** habent = 3. Per. Pl. Präs. Ind. Akt. von habere.

3. Aufgabe

1. PC; **2.** Abl. abs.; **3.** AcI.

4. Aufgabe

1. existimabat = 3. Per. Sg. Imp. Ind. Akt. von existimare; **2.** sustinere = Inf. Präs. sustinere; **3.** poterat = 3. Per. Sg. Imp. Ind. Akt. von posse; **4.** possit = 3. Per. Sg. Konj. Ind. Akt. von posse; **5.** fecerunt = 3. Per. Pl. Perf. Ind. Akt. von facere; **6.** accidit = 3. Per. Sg. Präs./Perf. Ind. Akt. von accidere; **7.** receperunt = 3. Per. Pl. Perf. Ind. Akt. von recipere; **8.** possint = 3. Per. Pl. Konj. Ind. Akt. von posse; **9.** habebant = 3. Per. Pl. Imp. Ind. Akt. von habere; **10.** existimabat = 3. Per. Sg. Imp. Ind. Akt. von existimare; **11.** convenire = Inf. Präs. convenire; **12.** cognoverat = 3. Per. Sg. Plusquamperf. Ind. Akt. von cognoscere; **13.**

venit = 3. Per. Sg. Präs./Perf. Ind. Akt. von venire; **14.** venerunt = 3. Per. Pl. Perf. Ind. Akt. von venire; **15.** petere = Inf. Präs.; **16.** inquit = er/sie sagt.

5. Aufgabe
Schlage nach:
1. *movent* unter *movere* oder *moveo*; **2.** *cadunt* unter *cadere* oder *cado*; **3.** *donatus erat* unter *donare* oder *dono*; **4.** *utebatur* unter *uti* oder *usus sum*; **5.** *defenderent* unter *defendere* oder *defendo*.

6. Aufgabe
bellum gerere = Krieg führen; **proeliis contendere** = Kämpfe austragen;
propterea quod = (deshalb) weil; **qua de causa** = aus diesem Grund.

7. Aufgabe
Der Ablativ steht auf folgende Fragen:
wo?, wann?, wodurch?, worin?, womit?, woher? und wovon?

1. Frage: Worin?/Wodurch? unterscheiden sie sich?
Antwort: in Sprache...
2. Ablative wegen der Präposition »a«, die mit dem Abl. steht.
3. Frage: Worin?/Wodurch übertreffen sie? Antwort: An Tapferkeit.
4. Ablative wegen der Präposition »ab«, die mit dem Abl. steht.
5. Ablative wegen der Präposition »ex«, die mit dem Abl. steht.
6. Frage: wodurch?/womit?
7. Frage: 1. Abl.: wann?; 2. Abl. ist wegen der Präposition »ex« gegeben, die mit dem Abl. steht.

8. Aufgabe
Kontrolliere deine Ergebnisse anhand des alphabetischen Registers im Anhang dieses Buches.

V Wendungen Caesars

Caesar bediente sich in seinem Gallischen Krieg weniger und deshalb ständig wiederkehrender Wendungen. Präge dir daher die folgende Auflistung samt Übersetzung sehr gut ein.

iter facere - marschieren
quam maximis itineribus - in möglichst großen Tagesmärschen
aliquem certiorem facere - jemanden benachrichtigen
impetum in aliquem facere - jmdn. angreifen
pontem facere - eine Brücke schlagen
auctoritatem habere - Ansehen haben/genießen
rationem habere - berücksichtigen
orationem habere - eine Rede halten
> NICHT VERWECHSELN!
facultatem habere/dare - eine Möglichkeit haben/eröffnen
novis rebus studere - nach Umsturz streben
milites se receperunt - die Soldaten zogen sich zurück
pacem petere - um Frieden bitten
calamitatem/detrimentum accipere - eine Niederlage erleiden
magno cum detrimento - unter großen Verlusten
consilium capere - einen Plan/Beschluss fassen
gratias agere - danken
vim sustinere - einem Ansturm standhalten
se conferre - sich begeben
signa inferre - angreifen
non dubitare, quin - nicht bezweifeln, dass

loca aperta - offenes Gelände
navis longa - Kriegsschiff
res militaris - Kriegswesen
mille passus - eine röm. Meile (ca. 1,5 km)

et ... et ... - sowohl ... als auch ...
aut ... aut ... - entweder ... oder ...
neque ... neque ... - weder ... noch ...
non solum/modo ... sed etiam ... - nicht nur ... sondern auch ...

6. Tag

Mehr als die Hälfte hast du überstanden. Jetzt nicht schlappmachen!

T

BG; 6. Buch; 12. Kapitel

(1) Cum Caesar in Galliam venit, alterius factionis principes erant Haedui, alterius Sequani. (2) Hi cum per se minus valerent, quod summa auctoritas antiquitus erat in Haeduis magnaeque eorum erant clientelae, Germanos atque Ariovistum sibi adiunxerant eosque ad se magnis iacturis pollicitationibusque perduxerant. (3) Proeliis vero compluribus factis secundis atque omni nobilitate Haeduorum interfecta tantum potentia antecesserant, ut magnam partem clientium ab Haeduis ad se traducerent obsidesque ab iis principum filios acciperent et publice iurare cogerent nihil se contra Sequanos consili inituros et partem finitimi agri per vim occupatam possiderent Galliaeque totius principatum obtinerent. (4) Qua necessitate adductus Diviciacus auxilii petendi causa Romam ad senatum profectus infecta re redierat. (5) Adventu Caesaris facta commutatione rerum, obsidibus Haeduis redditis, veteribus clientelis restitutis, novis per Caesarem comparatis, quod ii, qui se ad eorum amicitiam adgregarant, meliore condicione atque aequiore imperio se uti videbant, reliquis rebus eorum gratia dignitateque amplificata Sequani principatum dimiserant. (6) In eorum locum Remi successerant; quos quod adaequare apud Caesarem gratia intellegebatur, ii, qui propter veteres inimicitias nullo modo cum Haeduis coniungi poterant, se Remis in clientelam dicabant. (7) Hos illi diligenter tuebantur: ita et novam et repente collectam auctoritatem tenebant. (8) Et eo tum statu res erat, ut longe principes haberentur Haedui, secundum locum dignitatis Remi obtinerent.

201 Wörter

An dieser Stelle möchte ich dir einige Hinweise zu **unterschiedlichen Schreibweisen** geben. Es ist dir vielleicht bereits bekannt, dass es keine Originalfassung, etwa eine erhaltene Erstausgabe, von Caesars Gallischem Krieg gibt. Die Texte wurden über die Jahrhunderte durch Abschriften tradiert, so dass wir heute mit großer Wahrscheinlichkeit einen anderen Text vorliegen haben, als den, welchen Caesar (vielleicht) schrieb. Je nach Textausgabe können dir daher Unterschiede in der Schreibung und Zeichensetzung begegnen. Die wichtigsten Merkmale möchte ich dir nennen:

1. Häufig wird, konsequenterweise, auch der **Satzanfang klein geschrieben**, so dass lediglich **Eigennamen groß** geschrieben herausstechen.

Bsp.: *qua necessitate adductus Diviciacus auxilii petendi causa Romam ad senatum [...].*

2. Weniger Kommmata (bei Nebensätzen)

3. U/u als V/v, z. B. *uenire* statt **venire**.

Der Abschnitt könnte dir also bei einer Prüfung auch so begegnen:

cum Caesar in Galliam uenit alterius factionis principes erant Haedui alterius Sequani. hi cum per se minus ualerent quod summa auctoritas antiquitus erat in Haeduis magnaeque eorum erant clientelae, Germanos atque Ariouistum sibi adiunxerant eosque ad se magnis iacturis pollicitationibusque perduxerant. proeliis uero compluribus factis secundis atque omni nobilitate Haeduorum interfecta tantum potentia antecesserant ut magnam partem clientium ab Haeduis ad se traducerent obsidesque ab iis principum filios acciperent et publice iurare cogerent nihil se contra Sequanos consili inituros et partem finitimi agri per uim occupatam possiderent Galliaeque totius principatum obtinerent. qua necessitate adductus Diviciacus auxilii petendi causa Romam ad senatum profectus infecta re redierat. aduentu Caesaris facta commutatione rerum, obsidibus Haeduis redditis, ueteribus clientelis restitutis, nouis per Caesarem comparatis quod ii qui se ad eorum amicitiam adgregarant meliore condicione atque aequiore imperio se uti uidebant, reliquis rebus eorum gratia dignitateque amplificata Sequani principatum dimiserant. in eorum locum Remi successerant; quos quod adaequare apud Caesarem gratia intellegebatur, ii qui propter ueteres inimicitias nullo modo cum Haeduis coniungi poterant, se Remis in clientelam dicabant. hos illi diligenter tuebantur: ita et nouam et repente collectam auctoritatem tenebant. et eo tum statu res erat ut longe principes haberentur Haedui, secundum locum dignitatis Remi obtinerent.

4. Auch findet gelegentlich eine Veränderung der Formen von *is, ea, id* statt. So wird aus *iis* > *eis* und aus *ii* > *ei*.

5. **Assimilation**, z. B. *afficere* statt *adficere*.

Hilfen

H

Schau dir am besten vor dem Übersetzen noch einmal die Übersetzungsmöglichkeiten von *cum* an.

alterius factionis ... *alterius* ... - der einen Partei ... der anderen ...
minus valere - unbedeutender sein, geringeren Einfluss haben
cliens, clientis m. - Klient
clientela, -ae f. - Klientel, Schutzgenossenschaft
Remi - die Remer

Versuche nun, den Rest mit Hilfe des Wörterbuches zu übersetzen. Bei Problemen kannst du dir meine Musterübersetzung anschauen. Gib dir dennoch Mühe, den Abschnitt (größtenteils) alleine ins Deutsche zu bringen.

Viel Erfolg!

G

Infokasten Grammatik: AcI

Findest du bei Caesar einen **Infinitiv**, so ist im Satz mit großer Wahrscheinlichkeit ein AcI enthalten. Du übersetzt am besten mit einem durch **»dass«** eingeleiteten **Nebensatz**. Wie der Name erahnen lässt, beinhaltet jeder AcI-Satz mindestens eine Akkusativ-Form und einen Infinitiv. Der AcI folgt auf sog. **Kopfverben**, also Verben des **Sprechens**, **Denkens**, **Fühlens** und nach Formeln wie *constat* (es steht fest).

Beispiele:

(1) ***Caesari nuntiatum est Helvetios per provinciam iter facere conari.*** - Caesar wurde gemeldet, dass die Helvetier versuchten, durch die Provinz zu marschieren.

(2) ***Caesar dixit se magnam habere spem victoriae.*** - Caesar sagte, er habe große Hoffnung auf den Sieg./Caesar sagte, dass er große Hoffnung auf den Sieg habe.

Lernvokabular

aequus, -a, -um - gleich, eben, günstig
cliens, clientis m. - Abhängiger; »Klient«
cogere, -o, coegi, coactum - zwingen, versammeln
commutatio, -onis f. - Veränderung
complures/-a, -ium (Pl.) - mehrere
condicio, -onis f. - Bedingung
coniungere, -o, -iunxi, -iunctum - verbinden
contra *(Präp. m. Akk.)* - gegen
dignitas, -atis f. - Würde
gratia, -ae f. - Ansehen, Dank
inire, -eo, -ii, -itum - beginnen
interficere, -io, -feci, -fectum - töten, umbringen
melior/us - besser
novus, -a, -um - neu
perducere, -o, -duxi, -ductum - hinführen, bringen
succedere, -o, -cessi, -cessum - nachrücken
traducere, -o, -duxi, -ductum - hinüberführen
valere, -eo, -ui, - - von Bedeutung sein
vero - aber
vetus, veteris - alt

Ableitungen

polliceri / pollicitatio
potens / potentia
publicus / publice
necessarius / necessitas

Ergänzungswortschatz

pauci, -ae, -a - wenige
quantum - wie viel
quidem - freilich
fortuna, -ae f. - Schicksal, Glück
silva, -ae f. - Wald
telum, -i n. - Geschoss
at - aber
vallum, -i n. - Wall

7. Tag

Heute wollen wir es mit dem Übersetzen etwas ruhiger angehen lassen. Schließlich besteht weder das gesamte Leben noch das Lernen aus permanentem Übersetzen ;)
Im folgenden, relativ kurzen Abschnitt geht es um die Götterverehrung. Sicherlich hast du Namen wie Merkur, Apoll und Minerva schon gehört. Nach der Übersetzung wirst du auch wissen, für welche Bereiche sie verantwortlich waren. Viel Erfolg!

BG; 6. Buch; 17. Kapitel
(1) Deorum maxime Mercurium colunt. (2) Huius sunt plurima simulacra, hunc omnium inventorem artium ferunt, hunc viarum atque itinerum ducem, hunc ad quaestus pecuniae mercaturasque habere vim maximam arbitrantur. (3) Post hunc Apollinem et Martem et Iovem et Minervam. (4) De his eandem fere quam reliquae gentes habent opinionem: (5) Apollinem morbos depellere, Minervam operum atque artificiorum initia tradere, Iovem imperium caelestium tenere, Martem bella regere. (6) Huic, cum proelio dimicare constituerunt ea, quae bello ceperint, plerumque devovent: (7) cum superaverunt, animalia capta immolant reliquasque res in unum locum conferunt. (8) Multis in civitatibus harum rerum exstructos tumulos locis consecratis conspicari licet; (9) neque saepe accidit, ut neglecta quispiam religione aut capta apud se occultare aut posita tollere auderet, (10) gravissimumque ei rei supplicium cum cruciatu constitutum est.

118 Wörter

Aufgabe vor dem Übersetzen: Schreibe dir der Übung wegen zu jedem Satz Subjekt und Prädikat heraus.

Aber jetzt wollen wir keine Zeit verlieren. Direkt an die Arbeit!

Im nächsten Teil sind einige Formen von *hic, haec, hoc* enthalten. Bei (kleineren) Unsicherheiten schlägst du in der Grammatik am besten noch einmal das Pronomen nach. Dann sind dir folgende Formen auch wieder bekannt: *huius, hunc, his, huic* und *harum*.

H

Vokabelhilfen

(diese Vokabeln musst du nicht lernen, da keine Lernwörter)

animal - *zur Übung nachschlagen*
ars, artis f. - Kunst
artificium, -ii n. - Kunst
caelestis, -e - himmlisch
colere, -o, -ui, cultum - verehren
consecrare, -o, -avi, -atum - weihen
conspicari, -or, -atus sum - erblicken
cruciatus, -us m. - Folter, Qual
depellere - *zur Übung nachschlagen*
deus, -i m. - Gott
devovere, -eo, devovi, devotum - weihen
dimicare, -o, -avi, -atum - kämpfen
exstruere, -o, -struxi, -structum - errichten
gens, gentis f. - Stamm, Geschlecht
immolare, -o, -avi, -atum - opfern
inventor - *zur Übung nachschlagen*
mercatura - *zur Übung nachschlagen*
morbus - *zur Übung nachschlagen*
plurimi, -ae, -a - sehr viele, die meisten
quaestus, -us m. - Gewinn, Erwerb
quispiam - irgendein(er)
regere, -o, rexi, rectum - richten, lenken
religio - *zur Übung nachschlagen*
simulacrum, -i n. - (Götter-)Bild
tumulus, -i m. - Hügel

Über das römische Heer

Das römische Heer (*exercitus Romanus*) wurde bis ins 2. Jh. v. Chr. vor allem aus dem Bauernstand rekrutiert. Da jedoch der Bedarf an Soldaten permanent stieg, wandelte Marius die bisherige Methode in das System der Freiwilligenanwerbung um.

Zur Bewaffnung

Die römischen Soldaten waren mit

- > zwei Wurfspeeren (*pila*)
- > einem Langschild (*scutum*)
- > und einem Kurzschwert (*gladius*)

bewaffnet.

Truppenaufteilung

1 Legion = 10 Kohorten	1 Legion = 3.600 - 6.000 Soldaten
1 Kohorte = 3 Manipel	1 Kohorte = 360 - 600 Soldaten
1 Manipel = 2 Zenturien	1 Manipel = 120 - 200 Soldaten
	1 Zenturie = 60 - 100 Soldaten

Das Lager

Die römischen Legionäre ließen stets höchste Sorgfalt beim Bau ihrer Lager walten. So folgte auch die Konzeption festgelegten Regeln. *castra* wurden quadratisch angelegt. Im Zentrum befand sich stets das *praetorium*, das Feldherrnzelt. Das Lager wurde von einem Wall (*agger*) und einem Graben (*fossa*) umgeben. Ein Zwischenraum (*intervallum*) trennte den Wall von den Zelten.
Jedes Lager besaß auf jeder Seite ein Tor, eine *porta*. Natürlich wurden, sowohl bei Tage als auch bei Nacht, ausreichend viele Wachen an verschiedenen Posten aufgestellt. Du merkst: Perfekte Organisation im antiken Rom ;)

G

Infokasten Grammatik: Abl. abs.

Ein **Abl. abs.** besteht aus einem **Nomen** im **Ablativ** und einem dazugehörigen **Partizip** (PPA oder PPP) im **Ablativ**. Findest du in einem Satz also ein Partizip, welches im Ablativ steht, so handelt es sich mit großer Wahrscheinlichkeit um einen Abl. abs.! Zur besseren Kontrolle über die Konstruktion, empfiehlt es sich, zunächst temporal zu übersetzen, ein PPP mit »nachdem«, ein PPA mit »während«. Im Allgemeinen gelten o. g. Übersetzungsmöglichkeiten, die du dir gut einprägen musst. Übersetze den Abl. abs. deshalb nie wörtlich wie einen »normalen« Ablativ.

Beispiel:
Bello (Helvetiorum) confecto totius fere Galliae legati ad Caesarem gratulatum convenerunt.
Als/Nachdem/Weil der Krieg beendet worden war ...;

Übersetzungsmöglichkeiten
- als, nachdem (bei PPP*), während (bei PPA**) > temporal
- da/weil > kausal
- obwohl > konzessiv
- wenn > konditional
- indem (bei PPA**) > modal

** PPP = **P**artizip **P**erfekt **P**assiv; ** PPA = **P**artizip **P**räsens **A**ktiv*

Lernvokabular

V

audere, -eo, ausus sum - wagen
audire (nicht verwechseln!), -io, -ivi, -itum - hören
conferre, -fero, -tuli, collatum - zusammentragen
dux, ducis m. - (An-)Führer
gravis, -e - schwer
licet - es ist erlaubt
neglegere, -o, -lexi, -lectum - nicht beachten
occultare, -o, -avi, -atum - verbergen
opinio, -onis f. - Meinung
pecunia, -ae f. - Geld
plerumque - meistens
ponere, -o, posui, positum - setzen, stellen, legen
superare, -o, -avi, -atum - übertreffen
supplicium, -ii n. - Strafe, Bestrafung
tollere, -o, sustuli, sublatum - auf-, erheben, ermutigen
tradere, -o, tradidi, -ditum - übergeben
via, -ae f. - Weg, Straße

Ergänzungsvokabular

adire, -eo, -ii, -itum - anrücken
aditus, -us m. - Zugang
agmen, agminis n. - Heereszug
collis, -is m. - Hügel
labor, -oris m. - Arbeit, Mühe
manus, -us f. - Hand, Schar
nuntius, -ii m. - Bote
pugna, -ae f. - Kampf
rex, regis m. - König
singuli, -ae, -a - einzelne
sub *(Präp. m. Akk./Abl.)* - unter; gegen (zeitl.)
timor, -oris m. - Angst

8. Tag

Wenn du zurückblätterst, wirst du sehen, dass du wirklich gut gearbeitet hast. Prima! Heute hast du wieder ein gutes Stück Übersetzungsarbeit vor dir; bin aber davon überzeugt, dass du auch dies schaffen wirst. Jetzt aufzugeben wäre Unsinn. Also. Kämpfe dich zur Zielgerade durch!

T

BG; 6. Buch; 21. Kapitel
Germani multum ab hac consuetudine differunt. Nam neque druides habent, qui rebus divinis praesint, neque sacrificiis student. Deorum numero eos solos ducunt, quos cernunt et quorum aperte opibus iuvantur, Solem et Vulcanum et Lunam, reliquos ne fama quidem acceperunt. Vita omnis in venationibus atque in studiis rei militaris consistit: a parvulis labori ac duritiae student. Qui diutissime impuberes permanserunt, maximam inter suos ferunt laudem: hoc ali staturam, ali vires nervosque confirmari putant. Intra annum vero vicesimum feminae notitiam habuisse in turpissimis habent rebus; cuius rei nulla est occultatio, quod et promiscue in fluminibus perluuntur et pellibus aut parvis renonum tegimentis utuntur, magna corporis parte nuda.

105 Wörter

Wir wollen direkt *medias in res* gehen.

H

Hilfen

druides - Druiden
rebus divinis praeesse - dem Gottesdienst/den Götterangelegenheiten vorstehen
sacrificiis studere - sich um Opfer(gaben) bemühen
Sol - Sonne(ngott)
Vulcanus - Vulcan, das Feuer
Luna - Mond(gott)

Wieder gilt: Unbekannte Vokabeln sind der Übung mit dem Wörterbuch wegen nachzuschlagen. Viel Erfolg!

BG; 6. Buch; 22. Kapitel

Agri culturae non student, maiorque pars eorum victus in lacte, caseo, carne consistit. Neque quisquam agri modum certum aut fines habet proprios, sed magistratus ac principes in annos singulos gentibus cognationibusque hominum, qui una coierunt, quantum et quo loco visum est agri attribuunt atque anno post alio transire cogunt. Eius rei multas adferunt causas: ne adsidua consuetudine capti studium belli gerendi agricultura commutent; ne latos fines parare studeant potentioresque humiliores possessionibus expellant; ne accuratius ad frigora atque aestus vitandos aedificent; ne qua oriatur pecuniae cupiditas, qua ex re factiones dissensionesque nascuntur; ut animi aequitate plebem contineant, cum suas quisque opes cum potentissimis aequari videat.

104 Wörter

T

Hilfen

H

maior = Komparativ zu *magnus*
causas adferre/afferre - Gründe anführen, nennen
potentiores - die Mächtigeren
humiliores - die Schwächeren

Ich weiß selbst, dass das Tagespensum heute ausgesprochen groß ist. Bedenke allerdings, dass du kurz vor deiner wichtigen Caesar-Prüfung stehst. Außerdem hast du das Buch bald durchgearbeitet. Bestehst du die Klausur, musst du dich nie mehr mit Caesar beschäftigen, gibst du jetzt auf, wirst du es nicht schaffen. Studienabbruch oder noch einmal Caesar von vorne? Schrecklich! Also: Weiter, du schaffst es! :-)

V

Zur Wiederholung: res

res publica

res militaris

nach Umsturz streben

ob eam rem

deshalb

novis rebus studere

Kriegswesen

Staat

G

Infokasten Grammatik: PC

Das PC ist eine weitere Partizipialkonstruktion, für die selbige Übersetzungsmöglichkeiten (s. u.) gelten. Das **Partizip stimmt** hierbei mit dem dazugehörigen **Nomen** in **Kasus** und **Numerus** (Fall und Zahl) **überein**, muss jedoch keine Ablativ-Form sein. In den wenigsten Fällen solltest du ein PC wörtlich übersetzen.
Beispiel:
Orgetorix regni cupiditate inductus coniurationem nobilitatis fecit.
(1-2) Als/Weil Orgetorix ...; (3) Orgetorix, der ...

Übersetzungsmöglichkeiten

- als, nachdem (bei PPP*), während (bei PPA**) > temporal
- der, die, das (am Anfang des Nebensatzes) > relativ
- da/weil > kausal
- obwohl > konzessiv
- wenn > konditional
- indem (bei PPA**) > modal

** PPP = **P**artizip **P**erfekt **P**assiv; ** PPA = **P**artizip **P**räsens **A**ktiv*

Lernvokabular

V

afferre, -fero, attuli, allatum - (herbei)bringen
aestus, -us m. - Flut, Hitze
apertus/e - offen, ungeschützt
attribuere, -uo, -ui, -utum - zuteilen
certus, -a, -um - sicher
consistere, -o, -stiti, - - halten, Posten beziehen
corpus, corporis n. - Körper
diu/diutius/diutissime - lang(e), länger, am längsten
expellere, -o, -puli, -pulsum - vertreiben
fama, -ae f. - Gerücht
intra - innerhalb
laus, laudis f. - Anerkennung
magistratus, -us m. - Beamter, Behörde
maior/us - größer
militaris, -e - militärisch
modus, -i m. - Art und Weise, Maß
nasci, -or, natus sum - entstehen, *(als PPP)* geboren
parare, -o, -avi, -atum - (vor-)bereiten
parvus, -a, -um - klein
praeesse, -sum, -fui, - - den Oberbefehl haben
prope/proprius - nahe (bei)/näher
quisquam - irgendjemand
quisque - jeder
solus, -a, -um - alleine
studium, -ii n. - Bemühung, Eifer
transire, -eo, -ii, -itum - überschreiten, hinübergehen
vita, -ae f. - Leben

Ableitung

commutare - commutatio
aedificare - aedificium
aequitas - aequus

9. Tag

Gut geschlafen? Wenn ja: Prima! Wenn nein: Ab ins Bett! Müde kann ich dich hier nicht gebrauchen. Schließlich möchtest du nicht nur lesen, sondern auch lernen - und das ist im Halbschlaf nicht optimal möglich. Nun aber an die Arbeit. Viel Erfolg!

T

BG; 6. Buch; 23. Kapitel

Civitatibus maxima laus est quam latissime circum se vastatis finibus solitudines habere. Hoc proprium virtutis existimant, expulsos agris finitimos cedere neque quemquam prope se audere consistere. Simul hoc se fore tutiores arbitrantur repentinae incursionis timore sublato. Cum bellum civitas aut inlatum defendit aut infert, magistratus, qui ei bello praesint et vitae necisque habeant potestatem, deliguntur. In pace nullus est communis magistratus, sed principes regionum atque pagorum inter suos ius dicunt controversiasque minuunt. Latrocinia nullam habent infamiam, quae extra fines cuiusque civitatis fiunt, atque ea iuventutis exercendae ac desidiae minuendae causa fieri praedicant. Atque ubi quis ex principibus in concilio dixit se ducem fore, qui sequi velint, profiteantur, consurgunt ii, qui et causam et hominem probant, suumque auxilium pollicentur atque a multitudine conlaudantur; qui ex his secuti non sunt, in desertorum ac proditorum numero ducuntur omniumque his rerum postea fides derogatur. Hospitem violare fas non putant; qui quacumque de causa ad eos venerunt, ab iniuria prohibent sanctosque habent, hisque omnium domus patent victusque communicatur.

163 Wörter

Unbekannte Vokabeln sind im Wörterbuch nachzuschlagen. Dies darf nicht länger als 15 Minuten dauern. Lies dir weiterhin zunächst den gesamten Abschnitt mehrfach in Ruhe durch. Zuletzt schreibst du dir die unbekannten Vokabeln heraus und suchst die Bedeutung im Lexikon!

H

Hilfen

vitae necisque - über Leben und Tod
in pace - im Frieden, in Friedenszeiten
nullus est - es gibt keinen
ius dicere - *wörtlich übersetzbar*
fas non putare - halten sie für Unrecht

Aufgaben zum Text

G

Cum bellum civitas aut inlatum defendit aut infert, magistratus, qui ei bello praesint et vitae necisque habeant potestatem, deliguntur.

1. Frage: Wie übersetzt du das *cum*?
2. Frage: Wie übersetzt du das *aut*?
3. Frage: Was heißt *bellum inferre*?
4. Frage: Welche Form ist - rein formal - *deliguntur*?
5. Frage: Wie übersetzt du *deliguntur*? Warum?

In pace nullus est communis magistratus, sed principes regionum atque pagorum inter suos ius dicunt controversiasque minuunt.

6. Frage: Schlage nach, was man unter einem pagus versteht.
7. Frage: Bestimme folgende Wörter: a) pace, b) magistratus, c) regionum, d) controversias.

qui quacumque de causa ad eos venerunt, ab iniuria prohibent sanctosque habent, hisque omnium domus patent victusque communicatur.

8. Frage: Zur Wiederholung: Übersetze die Pronomina **a)** qui, quae, quod; **b)** is, ea, id; **c)** hic, haec, hoc; **d)** quicumque, quaecumque, quodcumque.

Lösungen
1. Frage: wenn, falls; **2. Frage:** aut ... aut ... - entweder ... oder ... **3. Frage:** bellum inferre - einen Krieg beginnen; **4. Frage:** 3. Per. Pl. Präsens Ind. Akt. von deligere: **5. Frage:** Übersetzung der 3. Per. mit »man wählt« (verallgemeinernd); **6. Frage:** pagus - Gau (ein Bezirk, der mehrere Gemeinden und Städte umschließt); **7. Frage: a)** pace von pax = Abl. Sg.; **b)** magistratus = Nom. Sg.; **c)** regionum von regio = Gen. Pl.; **d)** controversias von controversia = Akk. Pl.; **8. Frage: a)** qui, quae, quod = der, die, das; welcher, welche, welches; **b)** is, ea, id = er, sie, es; der, die, das; **c)** hic, haec, hoc = dieser, diese, dieses; **d)** qui-, quae-, quodcumque = wer auch immer

G

Infokasten Grammatik: Indirekte Rede

Wie auch das Deutsche kennt das Lateinische die indirekte Rede, welche immer dann verwandt wird, wenn nicht direkt zitiert wird. Da Caesars BG keine Dialoge oder Monologe enthält, wird dir die indirekte Rede nicht selten begegnen.

Grundsätzlich gilt:
- Alle **Hauptsätze** stehen als AcI-Satz (Ausnahme: Frage- und Begehrsätze); wiederhole erforderlichenfalls das AcI-Kapitel.
- Alle **Nebensätze** besitzen Verbformen im Konjunktiv. Hierbei gilt die lat. Zeitenfolge, die sog. *consecutio temporum*:

Zeitverhältnis zwischen HS und NS

Zeit im HS	GZ	VZ	NZ
Hauptzeit (Präsens)	Konj. Präsens	Konj. Perfekt	urus 3/i, ae, a sit/sint
Nebenzeit (Perfekt, Imperfekt, Plusquamperfekt)	Konj. Imperfekt	Konj. Plusquamperfekt	urus 3/i, ae, a esset/essent

HS = Hauptsatz; NS = Nebensatz; GZ = Gleichzeitigkeit;
VZ = Vorzeitigkeit; NZ = Nachzeitigkeit

Anmerkung: Die Zeitenfolge gilt auch für durch *ut/ne* und *cum* eingeleitete Nebensätze.

Beispiel indirekte Rede:
Caesar dixit: »Ego ... « (direkte Rede)
Caesar dixit se ... (indirekte Rede)

De bello Gallico

Der Gallische Krieg (eigtl.: *C. Iulii Caesaris commentarii rerum gestarum belli Gallici*) gliedert sich in acht Bücher, derer sieben von Caesar selbst stammen, das 8. Buch hingegen von seinem Legaten Hirtius. In der Schule und an der Universität behandelt man jedoch (nahezu) ausschließlich die ersten sieben Bücher Caesars.

Caesars Stil ist schlicht, der Gattung der *Commentarien* angemessen. Beim *commentarius* handelt es sich nämlich um eine schlichte Aufzeichnung; keinen Roman oder eine Rede.

Caesar vermeidet ebenso ein breites Vokabular. Er beschränkt sich vielmehr auf 1.200 - 1.300 Vokabeln, von denen allerdings 500 - 600 bereits 85 - 90 % der Textmenge ausmachen. Auffällig sind ebenso die häufigen Wiederholungen einiger bestimmter Wendungen wie »his rebus adductus« usw.

Durch die Reduzierung des Wortschatzes findet naturgemäß auch eine Einschränkung der Darstellung statt, so dass kein Raum für Gefühlsäußerung oder Zitate ist.

Es ist bis heute ungeklärt, in welcher Form der BG publiziert wurde. Zweifelsfrei ist, dass Caesar auch politische Hintergedanken verfolgte, nämlich die positive Darstellung beim Volk erstrebte.

Wie dir vielleicht bekannt ist, gibt es unzählige Literatur zu Caesar. Solltest du dich also für die Sache selbst intensiver interessieren, informierst du dich am besten im Internet, einer Buchhandlung oder in einer Bibliothek.

V

Lernvokabular

cedere, -o, cessi, cessum - weichen, sich fügen
communis, -e - gemeinsam
defendere, -o, -i, -fensum - verteidigen
deligere, -o, -legi, -lectum - auswählen
exercere, -eo, -ui, -itum - üben, trainieren
existimare, -o, -avi, -atum - glauben
minuere, -uo, -ui, -utum - (ver-)mindern
patere, -eo, -ui, - - offen stehen
postea - später
potestas, -atis f. - Macht
quicumque - wer auch immer
quis - wer
repentinus, -a, -um - plötzlich
simul - gleichzeitig
tutus, -a, -um - sicher, ungefährlich
velle, volo, volui, - - wollen

Ergänzungsvokabular

barbarus, -a, -um - unkultiviert, »barbarisch«
genus, generis n. - Geschlecht, Art
interim - inzwischen
mare, maris n. - Meer
medius, -a, -um - der mittlere
pons, pontis m. - Brücke
porta, -ae f. - Tor
sic - so
subito - plötzlich
victoria, -ae f. - Sieg

Vokabeltest

de; dare; contra; quidem; magistratus; labor; iubere; in; a, ab; venire; vis; magnus; arma; castra; esse; cum; is, ea, id; populus; ad; tempus; nox; dies; adducere; celeriter; clamor; facilis; facere; fieri; posse; legio; proficisci; lex; pugna; putare; dum; redire; ratio; regio; convenire; atque; accipere.

10. Tag

Du hast es tatsächlich - fast - geschafft! Meinen Glückwunsch hierzu. An diesem letzten Tag gebe ich dir noch einen kürzeren Abschnitt zum Exerzieren; du weißt ja: Übung macht den Meister/die Meisterin.

BG; 6. Buch; 24. Kapitel
Ac fuit antea tempus, cum Germanos Galli virtute superarent, ultro bella inferrent, propter hominum multitudinem agrique inopiam trans Rhenum colonias mitterent. Itaque ea, quae fertilissima Germaniae sunt loca circum Hercyniam silvam, quam Eratostheni et quibusdam Graecis fama notam esse video, quam illi Orcyniam appellant, Volcae Tectosages occupaverunt atque ibi consederunt; quae gens ad hoc tempus his sedibus sese continet summamque habet iustitiae et bellicae laudis opinionem. Nunc quoniam in eadem inopia, egestate, patientia Germani permanent, eodem victu et cultu corporis utuntur; Gallis autem provinciarum propinquitas et transmarinarum rerum notitia multa ad copiam atque usum largitur, paulatim adsuefacti superari multisque victi proeliis ne se quidem ipsi cum illis virtute comparant.

109 Wörter

Auch jetzt solltest du noch konzentriert sein. Hast du dir den Abschnitt 2-3 mal in Ruhe durchgelesen? Hast du dir das Verstandene notiert? Es sind einige Eigennamen enthalten, die unter den einzelnen Satzübungen erläutert werden. Viel Erfolg!

Hilfen

Hercynia silva - der Hercynische Wald
Orcynia - Orcynien
Volcae Tectosages - die Volcer-Tectosagen
notitia transmarinarum rerum - Kenntnis über Übersee-Verhältnisse

V

Wichtige Wendungen

ZEIT
paulo ante - kurz zuvor
eodem tempore/die -zur selben Zeit/am selben Tag
die constituta - am festgesetzten Termin
post eius mortem - nach dessen Tod
postero die - am nächsten Tag
prima luce - bei Tagesanbruch
sub vesperum - gegen Abend

BEGRÜNDUNGEN
qua de causa
ob eam causam
ob eam rem
quamobrem
itaque
} **deshalb**

G

Infokasten Grammatik: Nebensätze

Ich glaube wirklich, du bist - zumindest in Hinsicht auf die Übersetzungspraxis und das spätere Vergessen/Verdrängen des Lateinischen aus dem Kopf - besser daran, wenn ich dir lediglich die Übersetzungsmöglichkeiten der Nebensatzeinleitungen nenne und dich nicht mit Fachbegriffen verwirre. Im letzten Infokasten Grammatik hast du dir etwas zur Zeitenfolge durchgelesen, welches auch für manche Nebensatzarten gilt. Also immer mitdenken!
Die wichtigsten Arten:
Relativsatz: eingeleitet durch ein Relativpronomen (*qui, quae, quod*; Achtung: *quod* kann auch *weil* heißen, s. u.).
Kausalsatz (Begründungssatz): bei Caesar meist eingeleitet durch *(propterea) quod* oder *cum* (weil).
Temporalsatz (Zeitsatz): bei Caesar meist durch ein *postquam* (nachdem) am Satzanfang eingeleitet.
Finalsätze (Begehrsätze): meist durch *ut* (dass, damit) eingeleitet.
Konditionalsätze (Bedingungssätze): Grundgedanke dahinter: *Wenn ..., dann ...* :)

Lernvokabular

V

considere, -o, -sedi, -sessum - sich niedersetzen, lagern
inopia, -ae f. - Mangel
quoniam - weil/da ja
silva, -ae f. - Wald
usus, -us m. - Nutzen

Ergänzungsvokabular

administrare, -o, -avi, -atum - verrichten, ausführen, leiten
agger, aggeris m. - (Erd-)Wall
casus, -us m. - Ereignis, Zufall
centurio, -onis m. - Hauptmann
clamor, -oris m. - Geschrei, Lärm
commeatus, -us m. - Nachschub (an Lebensmitteln)
decem - zehn
decimus, -a, -um - der zehnte
dum - **(Ind.)** während; **(Konj.)** (solange) bis
eruptio, -onis f. - Ausbruch
facultas, -atis f. - Möglichkeit
fossa, -ae f. - Graben
imperitus, -a, -um - unerfahren
magnitudo, -tudinis f. - Größe
nisi - falls nicht
ordo, ordinis m. - Rang, Reihe
palus, -udis f. - Sumpf
posterus, -a, -um - der folgende, nächste
prior/us - der frühere
rursus - wieder(um)
subsidium, -ii n. - Hilfe, Verstärkung
supra - oben
turris, -is f. - Turm

Resümee

Ich gratuliere dir zu deinem Durchhaltevermögen! Es ist großartig, dass du tatsächlich das gesamte Buch, zumindest jedoch die wichtigen Teile, wie ich hoffe, durchgearbeitet hast.

Im Anhang findest du einen Ergänzungswortschatz. Solltest du vor der Prüfung/Klausur noch etwas freie Zeit haben, kannst du dir eben diesen anschauen, damit du weniger Wörter im Lexikon nachschlagen musst.

Ferner enthält der Anhang sämtliche Musterübersetzungen und ein Vokabelregister für das schnelle Nachschlagen vergessener Vokabeln. Wenn du jedoch regelmäßig gegebene Wörter und Wendungen wiederholst, wirst du es nur selten benutzen müssen.

Nun wünsche ich dir viel Erfolg!
Felix Friedrich

Anhänge

Musterübersetzungen

1. Tag

(1) Gallien ist in drei Teile/Gebiete geteilt.
Subjekt = Gallia (Gallien); Prädikat = divisa est (wird geteilt; Pass.-Form)
(2) Die Helvetier übertreffen die übrigen Gallier an Tapferkeit.
Subjekt = Helvetii; Prädikat = (virtute) praecedunt. Helvetii = Nom. Pl.; reliquos Gallos = Akk. Pl.
(3) Fast täglich tragen sie Kämpfe mit den Germanen aus.
(4) Die Belgier sind die tapfersten, (deshalb) weil sie von Kultur und höherer Bildung der Provinz am weitesten entfernt sind.
(5) Bei den Helvetiern ist Orgetorix der weitaus/bei weitem vornehmste und reichste Mann.
Subjekt = Orgetorix; Prädikat = nobilissimus et ditissimus est.
(6) Er, zettelte unter dem Konsulat von Marcus Messala und Marcus Piso durch Herrschaftsverlangen veranlasst, eine Verschwörung des Adels an.
(7) Hierdurch/Durch diese Sachen veranlasst und durch das Ansehen Orgetorix' bewegt, beschlossen sie, das, was zum Ausziehen dient, vorzubereiten.
(8) Die Germanen unterscheiden sich von dieser Gewohnheit sehr.
(9) Sie betreiben keinen Ackerbau.

2. Tag

Musterübersetzung

(1) Ganz Gallien ist in drei Teile/Gebiete geteilt, von denen einen die Belgier, einen anderen die Aquitanier und den dritten diejenigen bewohnen, die in ihrer eigenen Sprache Kelten (heißen), in der unseren Gallier genannt werden.
(2) Sie alle unterscheiden sich voneinander in Sprache, Bräuchen und Gesetzen.
(3) Der Fluss Garonne/Die Garonne trennt die Gallier von den Aquitaniern ab, von den Belgiern die Marne und die Seine.
(4) Von all diesen sind die Belgier die tapfersten, (deshalb) weil sie von Kultur und höherer Bildung der Provinz am weitesten entfernt sind und nur sehr selten Kaufmänner zu ihnen gelangen und das, was

zur Verweichlichung des Geistes dient, importieren/einführen und sie (außerdem) nächst zu den Germanen sind, die jenseits des Rheins leben, mit denen sie ständig Krieg führen.
(5) Aus diesem Grund übertreffen die Helvetier auch die übrigen Gallier an Tapferkeit, weil sie fast täglich Kämpfe mit den Germanen austragen, indem sie diese entweder von den eigenen Grenzen fernhalten oder selbst in deren Gebieten Krieg führen.
(6) Der Teil des Landes, welchen, wie schon gesagt, die Gallier innehaben, beginnt am Fluss Rhône/an der Rhône und wird durch den Fluss Garonne/die Garonne, den Ozean und das Gebiet der Belgier begrenzt; er berührt sogar bei den Sequanern und Helvetiern den (Fluss) Rhein und erstreckt sich nach Norden.
(7) Das Gebiet der Belgier entsteht an den äußersten Grenzen Galliens, erstreckt sich bis zum Unterlauf des Rheins und liegt nach Nordosten.
(8) Aquitanien erstreckt sich von der Garonne bis zu den Pyrenäen und dem Teil des Ozeans, der bei Spanien ist; es liegt nach Nordwesten.

Lösungen der Aufgaben
1. Bezug auf *partes tres*; 2. Es handelt sich um Ablativ-Formen; 3. Subjekt ist *Garumna flumen*; 4. Superlativ; 5. Formen mit Anhängseln: *minimeque*, *proximique* und *quibuscum*. Keine Anhängsel sind: *atque* (und), *quoque* (auch).

Formenbestimmung
1. quod = Nom./Akk. Sg. *n.* von qui, quae, quod; oder: quod = weil **2.** qui = Nom. Sg./Pl. *m.* von qui, quae, quod **3.** quae = Nom. Sg./Pl. *f.* oder Nom./Akk. Pl. *n.* von qui, quae, quod **4.** his = Dat./Abl. Pl. von hic, haec, hoc **5.** est = 3. Per. Sg. Präsens Ind. Akt. von esse **6.** eo = Abl. Sg. m./n. von is, ea, id **7.** quam = Akk. Sg. *f.* von qui, quae, quod oder *als* (bei Komp.) **8.** omnibus = Dat./Abl. Pl. von omnis **9.** omnes = Nom./Akk. Pl. m./f. von omnis. **10.** Dat./Abl. Pl. von castra **11.** eorum = Gen. Pl. m./n. von is, ea, id **12.** Gen. Sg. von is, ea, id **13.** erat = 3. Per. Sg. Imperfekt Ind. Akt. von esse **14.** rebus = Dat./Abl. Pl. von res **15.** quo = Abl. Sg. m./n. von qui, quae, quod **16.** hostes = Nom./Akk. Pl. von hostis.

3. Tag

Musterübersetzung

(1) Bei den Helvetiern war Orgetorix der weitaus/bei weitem vornehmste und reichste Mann.

(2) Er zettelte unter dem Konsulat des Marcus Messala und des Marcus Piso durch Herrschaftsverlangen veranlasst eine Verschwörung des Adels an und überredete das Volk, mit allen Vorräten aus dem eigenen Gebiet wegzugehen/auszuwandern/zu emigrieren:

(3) Es sei sehr leicht, sich der Herrschaft über ganz Gallien zu bemächtigen, weil sie alle (anderen Völker) an Tapferkeit überträfen.

(4) Es war umso leichter, sie zu überzeugen, weil die Helvetier auf allen Seiten von natürlichen Grenzen umschlossen werden:

(5-7) Auf der einen Seite durch den sehr breiten und tiefen Rhein, der das Gebiet der Helvetier von dem der Germanen trennt, auf der anderen Seite durch das sehr hohe Jura-Gebirge, das zwischen den Sequanern und den Helvetiern ist und auf der dritten Seite durch den Genfer See, der unsere Provinz von den Helvetiern trennt.

(8) Diese Lage brachte es mit sich, dass sie weder besonders weit umherschweifen und nicht leicht mit den Nachbarn/den benachbarten Stämmen Krieg beginnen konnten.

(9) Die kriegerisch gesinnten Menschen aus dieser Gegend schmerzte dieser Sachverhalt sehr.

(10) Für ihre Einwohnerzahl und den (erlangten) Kriegsruhm aber glaubten sie ein zu kleines Land zu besitzen, das 240 Meilen (ca. 360 km) lang und 180 Meilen (ca. 270 km) breit war.

Verbformen-Mix

1. Infinitiv Präsens esse **2.** 3. Per. Sg. Präsens Ind. Akt. von esse **3.** 3. Per. Sg. Imperfekt Ind. Akt. von esse **4.** 3. Per. Pl. Präsens Ind. Akt. von esse **5.** 3. Per. Pl. Imperfekt Ind. Akt. von esse **6.** Infinitiv Präsens uti **7.** 3. Per. Sg. Imperfekt Konj. Akt. von esse **8.** Infinitiv Präsens posse **9.** 3. Per. Pl. Imperfekt Konj. Akt. von posse **10.** 3. Per. Sg. Imperfekt Konj. Akt. von posse **11.** 3. Per. Sg. Präsens Ind. Akt. von iubere **12.** Infinitiv Präsens facere **13.** 3. Per. Sg. Präsens Ind. Akt. von mittere **14.** Infinitiv Präsens habere **15.** 3. Per. Sg. Perfekt Ind. Akt. von esse **16.** 3. Per. Pl. Imperfekt Konj. Akt. von esse **17.** 3. Per. Sg. Perfekt Ind. Akt. von iubere **18.** 3. Per. Pl. Perfekt Ind. Akt. von incipere **19.** 3. Per. Sg. Präsens Konj. Akt. von esse **20.** 3. Per. Sg. Präsens/Perfekt Ind. Akt. von contendere **21.** 3. Per. Sg. Präsens/Perfekt Ind. Akt. von constituere **22.** Infinitiv Präsens transire **23.** 3. Per.

Sg. Präsens/Perfekt Ind. Akt. von pervenire **24.** Infinitiv Präsens fieri **25.** 3. Per. Sg. Präsens Ind. Akt. von imperare.

4. Tag

(1) Hierdurch/Durch diese Sachen veranlasst und durch das Ansehen des Orgetorix bewegt, beschlossen sie, das, was zum Auszug dient, vorzubereiten, (Zug)Vieh und Karren/Wagen in möglichst großer Zahl aufzukaufen und möglichst viel auszusäen, damit auf der Reise (genügend) Getreidevorräte vorhanden seien. (Außerdem beschlossen sie) mit den benachbarten Staaten/Stämmen Frieden und Freundschaft zu schließen.

(2) Für die Durchführung dieser Dinge/Pläne hielten sie zwei Jahre für ausreichend; für das dritte Jahr legten sie per Gesetz den Aufbruch fest.

(3) Für die Durchführung dieser Dinge/Pläne wählten sie Orgetorix.

(4) Dieser unternahm eine Gesandtschaftsreise zu den Staaten/Stämmen.

(5) Auf dieser Reise überredete er den Sequaner Casticus, den Sohn des Catamantaloedes, dessen Vater viele Jahre zuvor die Herrschaft über die Sequaner besessen hatte und vom Senat als »Freund des römischen Volkes« (Ehrentitel) bezeichnet worden war, dass (auch) er (nun) die Herrschaft über seinen Stamm besetze, die der Vater zuvor hatte.

(6) Ebenso überredete er den Haeduer Dumnorix, den Bruder des Diviciacus, der zu dieser Zeit die Führung über seinen Stamm besaß und beim Volk hoch angesehen/akzeptiert war, das Gleiche zu tun und gab ihm seine Tochter zur Frau.

(7) Er legte ihnen dar, wie leicht es sei, solch Versuchtes erfolgreich zu beenden, (deshalb) weil er selbst daran sei, die Herrschaft über seinen Stamm an sich zu reißen.

(8) Es sei zweifelsfrei, dass die Helvetier der mächtigste Stamm ganz Galliens sind.

(9) Er versicherte, dass er ihnen durch seine (eigenen, d. h. privaten) Mittel und durch sein Heer zur Herrschaft verhelfe.

(10) Durch diese Rede veranlasst, schlossen sie unter sich einen Treueeid und hofften, durch die Machtergreifung sich mit Hilfe der drei mächtigsten und stärksten Völker ganz Galliens bemächtigen können.

5. Tag

BG; 1. Buch; 29. Kapitel

(1) Im Lager der Helvetier fand man in griechischer Schrift verfasste Tafeln und brachte sie zu Caesar.
Auf diesen Tafeln war durch Namensnennung zusammengestellt, welche Zahl derer ausgewandert war, die Waffen tragen konnten/waffenfähig waren und ebenso getrennt die Zahl der Kinder, Alten und Frauen.
(2) Aller dieser Gesamtkopfzahl (Zahl der Menschen) betrug:
263.000 Helvetier, 36.000 Tulinger, 14.000 Latobriger, 23.000 Rauracer, und 32.000 Boier. Die Gesamtzahl derer, die waffenfähig waren, betrug ca. 92.000.
(3) Die Zahl aller betrug ca. 368.000.
(4) Bei einer auf Caesars Befehl durchgeführten Zählung ergab sich eine Gesamtzahl von 110.000 derer, die heimkehrten.

BG; 1. Buch; 33. Kapitel

(1) Nachdem Caesar dies erfahren hatte, sprach er den Galliern Mut zu und versprach (ihnen), dass er sich (persönlich) der Sache annehmen werde.
(2) Er hege/habe große Hoffnung, dass Ariovist wegen seiner (gemeint: Caesars) Gefälligkeit und seines Einflusses seinen Übergriffen ein Ende setzen werde.
(3) Nachdem er diese Rede gehalten hatte, entließ er die Versammlung.
(4) Es gab zudem in dieser Sache wichtige Gründe, die es ihm ratsam erschienen ließen, darüber nachzudenken und etwas zu unternehmen, vor allem deshalb, weil er sah, dass die Haeduer, die häufig vom Senat als Brüder und Blutsverwandte bezeichnet wurden, in Sklaverei und Botmäßigkeit durch die Germanen gehalten wurden und weil er begriff, dass Geiseln von ihnen bei Ariovist und den Sequanern waren; in Anbetracht der großen Macht des römischen Volkes erachtete Caesar dies für sich (persönlich) und die Republik/den Staat als äußerst/sehr schändlich.

6. Tag

(1) Als Caesar nach Gallien kam, waren die Haeduer die Führer der einen Partei, die Sequaner die Führer der anderen.
(2) Da diese (gemeint sind die Sequaner) schon an sich weniger angesehen waren, weil der höchste Einfluss seit jeher bei den Haeduern war/lag und sie große/bedeutende Clientelen besaßen, hatten sie (gemeint sind wieder die Sequaner) sich mit den Germanen und Ariovist verbündet und diese unter großen Opfern und Versprechungen zu sich hinübergezogen.
(3) Nach mehreren günstigen/glücklichen Schlachten aber und nach der Ermordung des gesamten Adels der Haeduer hatten sie diese an Macht übertroffen, so dass sie einen großen Teil der Clientelen von den Haeduern an sich ziehen konnten und die Söhne der Führer als Geiseln nahmen.
Sie zwangen die Regierung der Haeduer zu dem öffentlichen Schwur, nichts gegen sie zu unternehmen. Nachdem sie sich noch einen Teil des Nachbarlandes durch Gewalt einverleibt hatten, standen sie an führender Stelle ganz Galliens.
(4) In dieser Not war Diviciacus zum Senat nach Rom gereist, um Hilfe zu erbitten, und unverrichteter Dinger zurückgekehrt.
(5) Bei Caesars Ankunft hatten sich die Verhältnisse geändert; so wurden den Haeduern die Geiseln zurückgegeben, die alten Klientelen wiederhergestellt, neue durch Caesar gebildet/gegründet, weil die, welche sich deren Freundschaft(sbund) angeschlossen hatten, einsahen, dass sie hierdurch in eine bessere Lage und unter gerechtere Herrschaft gerieten und auch anderer Hintergründe/Sachverhalte (res) wegen ihr Einfluss vergrößert/gewachsen war, hatten die Sequaner ihre Herrschaft verloren.
(6) An ihre Stelle waren die Remer getreten; da man erkannte (intellegebatur), dass sie bei Caesar in derselben Gunst standen wie die Haeduer, begaben sich die (Stämme), die sich wegen alter Anfeindungen unter keinen Umständen (nullo modo) mit den Haeduern verbünden konnten, in die Clientel der Remer.
(7) Jene beschützten diese sorgfältig: So hielten/bewahrten sie das neue und das plötzlich erworbene Ansehen.
(8) Damals war es so (<u>frei übersetzt</u>), dass die Haeduer den weitaus größten Einfluss hatten und die Remer an zweiter Stelle standen.

7. Tag

(1) Von allen Göttern verehren sie Merkur am meisten.
(2) Von diesem (im Lateinischen ein Gen. Sg.) gibt es die meisten Götterbilder, ihn halten sie für den Erfinder aller Künste, für den Führer auf allen Straßen und Wegen/Reisen und sie glauben, er habe größte Macht/höchste Gewalt über Gelderwerb und Handel.
(3) Nach ihm/Auf ihn folgen Apoll, Mars, Jupiter und Minerva.
(4) Von diesen haben sie ungefähr dieselbe Vorstellung wie die anderen Stämme:
(5) Apoll vertreibe die Krankheiten, Minerva lehre/teile die Anfänge des Handwerks und der Künste mit, Jupiter halte das Himmelsreich und Mars lenke die Kriege.
(6) Wenn sie sich zu einem Krieg entschlossen haben, weihen sie ihm (gemeint ist Mars) meistens das, was sie im Krieg erbeuten (werden):
(7) Wenn sie siegreich waren, opfern sie (ihm) die erbeuteten Tiere und tragen alle anderen Sachen an einen Ort (zusammen).
(8) Bei vielen Stämmen kann man an geweihten Orten/Stellen ganze Haufen sehen, die aus diesen Dingen aufgeschichtet (worden) sind.
(9) Nicht oft (= selten) geschah es, dass irgendjemand unter Missachtung der Gottesfurcht wagte, entweder etwas von der Beute (bei sich) zu verheimlichen oder (gar) etwas von Niedergelegtem aufzuheben.
(10) Für diese Sache/dieses Verbrechen ist die härteste Todesstrafe durch Folter festgesetzt.

8. Tag

BG; 6. Buch; 21. Kapitel
Die Germanen unterscheiden sich stark von dieser Gewohnheit.
Sie haben nämlich weder Druiden, die dem Gottesdienst/den Götterangelegenheiten vorstehen, noch bemühen sich sich um Opfer(gaben).
Zu den Göttern zählen sie nur die, die sie sehen/deutlich wahrnehmen können und deren Wirken ihnen offensichtlich hilfreich ist, Sonne, Vulkan und Mond; die übrigen (Götter) sind ihnen völlig unbekannt/kennen sie nicht einmal vom Hörensagen/als Gerücht.
Ihr gesamtes Leben verwenden sie auf die Jagd und die Kriegsausbildung:

Von Kindertagen an/Schon als Kleinkinder sind sie auf Strapazen und Abhärtung bedacht.
Diejenigen, die am längsten keusch/kindlich geblieben sind, ernten bei ihnen höchstes Lob:
Sie glauben, hierdurch würde das Wachstum gefördert und Kraft und Muskeln gestärkt (werden).
Sie halten es für die größte Schandel, vor dem 20. Lebensjahr Geschlechtsverkehr mit einer Frau zu haben.
In dieser Angelegenheit gibt es keine Heimlichkeiten, da man gemeinsam in den Flüssen badet und nur Felle und kleine Pelzüberwürfe trägt, wobei ein großer Teil des Körpers nackt/unbekleidet ist.

BG; 6. Buch; 22. Kapitel

Sie betreiben keinen Ackerbau und der größte Teil ihrer Nahrung besteht aus Milch, Käse und Fleisch.
Keiner/Niemand (wörtl.: nicht irgendeiner) hat/besitzt eigene Felder oder ein Grundstück, (sondern) vielmehr teilen die Behörden und Führer in jedem (einzelnen) Jahr den Familien, Sippen und denen, die sich zusammengetan haben, Felder zu, wobei sie Größe und Lage/den Ort nach ihrer Sicht (der Dinge) auswählen und zwingen sie, Jahr für Jahr umzuziehen.
Hierfür/Für diesen Sachverhalt führen sie viele Gründe an:
sie sollen nicht durch anhaltende/fortwährende Gewohnheit die Kriegsbemühungen gegen den Ackerbau eintauschen; sie sollen sich nicht bemühen/nicht danach streben, sich große Grundstücke anzueignen und die Mächtigeren sollen die Schwächeren nicht aus den Gebieten vertreiben; sie sollen nicht sorgfältiger gegen Kälte und Hitze bauen; es soll keine Geldgier entstehen/geben, woraus Parteien/Gruppierungen und Uneinigkeiten entstehen (können).; (dies alles tun sie), damit der »Geist/Gedanke der Gleichheit« das Volk zusammenhält, weil jeder sieht, dass die eigenen Mittel denen der Mächtigsten gleichen.

res

res publica = Staat
res militaris = Kriegswesen
ob eam rem = deshalb
novis rebus studere = nach Umsturz streben

9. Tag

Es gilt bei den Stämmen als höchster Ruhm, um sich/ihr Gebiet herum einen möglichst großen Raum durch Verwüstung entstandenes Ödland zu haben.
Sie halten es für ein Zeichen von Tapferkeit, wenn die aus ihren Gebieten vertriebenen Grenznachbarn/Nachbarstämme zurückweichen und es niemand wagt, sich in ihrer Nähe aufzuhalten.
Gleichzeitig meinen/glauben sie, (künftig) sicherer/geschützter zu sein, wenn ihnen die Angst vor einem plötzlichen/unvermuteten Einfall (anderer) genommen ist.
Wenn ein Stamm entweder einen (von anderen) begonnenen Krieg abwehrt oder (selbst) einen Krieg beginnt, wird ein Magistrat/werden Beamte gewählt, welche die Leitung über diesen Krieg haben und über Leben und Tod entscheiden.
In Friedenszeiten gibt es keinen gemeinsamen Magistrat, sondern die Führer der Bezirke und Gaue sprechen unter sich/unter ihren Bewohnern Recht und schlichten Streitigkeiten.
Raubzüge, die außerhalb ihrer Grenzen stattfinden, haben keinen üblen Ruf und sie erklären, dies geschehe, um die Jugend auszubilden und die Untätigkeit/Faulheit zu mindern.
Und sobald einer der Führer in der Versammlung sagt/verkündet, dass er die Führung übernehmen werde und wer sich anschließen/ihm folgen wolle, solle sich melden, dann erheben sich (all) die, welche den Grund (für den Raubzug) und den Mann billigen, sagen (diesem) ihre Hilfe zu und werden von der Menge/der Versammlung gelobt.
Wer von ihnen (dann aber) nicht folgt, der wird für einen Deserteur und Verräter gehalten und bekommt später in allen Angelegenheiten das Vertrauen abgesprochen.
Einen Gast zu misshandeln/verletzten halten sie für ein Unrecht; wer aus welchen Gründen auch immer zu ihnen kommt, den schützen sie vor Unrecht und halten ihn für unverletztlich; ihnen (den Gästen) steht ein jedes Haus offen und man teilt mit ihnen die Nahrung.

10. Tag

Zuvor gab es eine Zeit, als die Gallier die Germanen an Tapferkeit übertrafen, sogar Krieg begannen und wegen ihrer großen Einwohnerzahl und aus Mangel an Land Kolonien jenseits des Rheins gründeten.
Deshalb besetzten die Volcer-Tectosagen die reichsten/fruchtbarsten Gegenden um den Hercynischen Wald, der, wie ich sehe, auch Eratosthenes und einigen anderen Griechen vom Hörensagen/als Gerücht bekannt war und den jene Orcynien nennen, und ließen sich dort nieder.
Dieser Stamm sitzt dort bis zu dieser Zeit/bis heute und genießt den höchsten Ruf an Gerechtigkeit und Kriegstüchtigkeit.
Da die Germanen (aber) noch immer in denselben dürftigen, ärmlichen und entbehrungsreichen Verhältnissen leben, ist auch die Nahrung und ihre Lebensweise noch (immer) die gleiche.
Den Galliern aber brachte die Nähe der (römischen) Provinzen und die Kenntnis über Übersee-Verhältnisse großen Reichtum und eine verfeinerte Lebensweise, so dass sie sich langsam daran gewöhnten, von den Germanen besiegt zu werden und weil sie in Schlachten geschlagen wurden, verglichen sie sich nicht einmal mehr selbst in Hinsicht auf Tapferkeit mit ihnen (den Germanen).

Ergänzungswortschatz

abdere, -o, -didi, -ditum – verbergen
accedere, -o, -cessi, -cessum – anrücken, herankommen
acriter – heftig
adesse, -sum, -fui – da sein
adoriri, -ior, -ortus sum – angreifen
adulescens, -entis m. – junger Mann
aedificium, -ii n. – Gebäude, Gehöft
aliquis, -quid – irgendjemand, -was
aliqui, -quae, -quod – irgendein(e/r)
altitudo, -tudinis f. – Höhe, Tiefe
amittere, -o, -misi, -missum – wegschicken
amplius – mehr, weiter
animadvertere, -o, -verti, -versum – bemerken, wahrnehmen
appropinquare, -o, -avi, -atum – sich nähern, anrücken
arcessere, -o, -sivi, -situm – herbeirufen, -holen
armare, -o, -avi, -atum – bewaffnen
ascendere, -o, -i, -censum – hinaufsteigen, besteigen
augere, -eo, auxi, auctum – mehren
bonus, -a, -um – gut
caedes, -is f. – Blutbad, Mord
calamitas, -atis f. – Niederlage
captivus, -i m. – Gefangener
castellum, -i n. – Kastell
celeritas, -atis f. – Schnelligkeit
centum – hundert
circumvenire, -io, -i, -ventum – umzingeln, (etw.) umgeben
coepisse, -i – beginnen
cohortari, -or, -atus sum – anfeuern, antreiben
collocare, -o, -avi, -atum – aufstellen
colloquium, -ii n. – Unterredung
committere, -o, -misi, -missum – zulassen, anvertrauen
commodus, -a, -um – bequem, angemessen, zweckmäßig
complere, -eo, -evi, -etum – füllen
comprehendere, -o, -i, -hensum – ergreifen, fassen
concedere, -o, -cessi, -cessum – zugestehen, geben
concurrere, -o, -i, -cursum – (zusammen) laufen
confidere, -o, -fisus sum – vertrauen
conicere, -io, -ieci, -iectum – werfen
coniurare, -o, -avi, -atum – (sich) verschwören
consequi, -or, -secutus sum – (ver-)folgen
conspectus, -us m. – Anblick
conspicere, -io, -spexi, -spectum – erblicken
constat – es steht fest
consuescere, -suevi – sich gewöhnen
consulere, -o, -ui, -sultum – beraten, sich kümmern (um)
consumere, -o, -sumpsi, -sumptum – aufbrauchen
contendere, -o, -i, -tentum – kämpfen
controversia, -ae f. – Streit
convertere, -o, -i, -versum – wenden
convocare, -o, -avi, -atum – zusammenrufen
cornu, -us n. – Horn, Flügel des Heeres
creber, -bra, -brum – zahlreich
credere, -o, -didi, -ditum – glauben
cupidus, -a, -um – (be-)gierig
curare, -o, -avi, -atum – (für etw.) sorgen
cursus, -us m. – Lauf

custodia, -ae f. – Wache
debere, -eo, -ui, -itum – müssen
dedere, -o, -didi, -ditum – ausliefern
deditio, -onis f. – Aufgabe, Kapitulation, Übergabe
deducere, -o, -duxi, -ductum – wegführen
deesse, -sum, -fui, - – fehlen, abwesend sein, mangeln
defectio, -onis f. – Abtrünnigkeit
deferre, -fero, -tuli, -latum – hinbringen, melden
deficere, -io, -feci, -fectum – verlassen, abfallen
deicere, -io, -ieci, -iectum – weg-, herabwerfen
demonstrare, -o, -avi, -atum – zeigen
desistere, -o, -stiti, - – aufhören
desperare, -o, -avi, -atum – verzweifeln, die Hoffnung aufgeben
dexter, -tra, -trum – der rechte
difficultas, -atis f. – Schwierigkeit
diligentia, -ae f. – Sorgfalt
dimicare, -o, -avi, -atum – kämpfen
diripere, -io, -ui, -reptum – plündern
discedere, -o, -cessi, -cessum – abziehen, weggehen
disponere, -o, -posui, -positum – an verschiedenen Positionen aufstellen, verteilen
docere, -eo, -ui, doctum – darlegen
dubitare, -o, -avi, -atum – zweifeln
educere, -o, eduxi, eductum – hinausführen
efficere, -io, -feci, -fectum – machen, bewirken
egredi, -ior, -gressus sum – hinausgehen
enim – denn, nämlich
eo – dorthin
etsi – wenngleich
evocare, -o, -avi, -atum – berufen, vorladen, aufbieten
excedere, -o, -cessi, -cessum – sich entfernen
excipere, -io, -cepi, -ceptum – aufnehmen
expeditus, -a, -um – einsatzbereit
explorare, -o, -avi, -atum – erkunden
explorator, -oris m. – Kundschafter
expugnare, -o, -avi, -atum – erobern
exspectare, -o, -avi, -atum – erwarten
fugere, -io, fugi, fugitum – fliehen
hiems, hiemis f. – Winter
hora, -ae f. – Stunde
idoneus, -a, -um – geeignet
ignis, -is m. – Feuer
impedire, -io, -ivi, -itum – behindern
incendere, -o, -i, -censum – anzünden
incitare, -o, -avi, -atum – antreiben
inde – daraufhin
inquit – er sagt
instituere, -uo, -ui, -utum – einrichten, anfangen
iudicare, -o, -avi, -atum – bestimmen
laborare, -o, -avi, -atum – sich (ab-) mühen, in Gefahr sein
levis, -e – leicht
liberi, -orum m. – Kinder
libertas, -atis f. – Freiheit
lux, lucis f. – Licht
magis – mehr
mandare, -o, -avi, -atum – befehlen
memoria, -ae f. – Erinnerung
merere, -eo, -ui, - – verdienen
morari, -or, -atus sum – (sich) aufhalten, verweilen
mors, mortis f. – Tod
mos, moris m. – Brauch, Sitte
motus, -us m. – Bewegung

movere, -eo, movi, motum – bewegen
munire, -io, -ivi, -itum – befestigen
nancisci, -or, na(n)ctus sum – finden
natio, -onis f. – Volk
necessarius, -a, -um – notwendig
negotium, -ii n. – Aufgabe
nemo – niemand
neve/neu – und dass/damit nicht
nomen, nominis n. – Name
nos – wir
nox, noctis f. – Nacht
nuntiare, -o, -avi, -atum – melden
ob – wegen
obsidere, -eo, -sedi, -sessum – belagern, besetzt halten
occidere, -o, -cidi, -cisum – töten
occurrere, -o, -curri, -cursum – entgegenlaufen
officium, -ii n. – Pflicht
omnino – insgesamt
oportet – es ist nötig
oppugnare, -o, -avi, -atum – angreifen
oppugnatio, -onis f. – Angriff
ostendere, -o, -tendi – zeigen
pabulum, -i n. – Futter
paene – fast, beinahe
par, paris – gleich
pati, -ior, passus sum – zulassen
pecus, pecoris n. – Vieh, Getier
pellere, -o, pepuli, pulsum – stoßen, schlagen, verjagen
perferre, -fero, -tuli, -latum – überbringen, ertragen
perpetuus, -a, -um – beständig
perspicere, -io, -spexi, -spectum – durchschauen, genau erkennen
portus, -us m. – Hafen
praeda, -ae f. – Beute
praemium, -ii n. – Belohnung
praeter – gegen, außer, vorbei
premere, -o, pressi, pressum – (be-) dränge, drücken
priusquam – bevor
procedere, -o, -cessi, -cessum – vorrücken, vorausziehen
producere, -o, -duxi, -ductum – ausrücken lassen
progredi, -ior, -gressus sum – vorrücken
pronuntiare, -o, -avi, -atum – verkünden, berichten
propinquus, -a, -um – nahe
proponere, -o, -posui, -positum – in Aussicht stellen, darlegen
providere, -eo, -i, -visum – vorhersehen, (be-)sorgen
publicus, -a, -um/e – öffentlich
pugnare, -o, -avi, -atum – kämpfen
quaerere, -o, quaesivi, -situm – suchen, fragen
reducere, -o, -duxi, -ductum – zurückführen, -bringen
remanere, -eo, -mansi, -mansum – zurückbleiben, verharren
resistere, -o, -stiti, - – Widerstand leisten, zurückbleiben
respondere, -eo, -i, -sponsum – antworten
retinere, -eo, -ui, -entum – zurückhalten, festhalten
reverti, -or, - – zurückkehren
ripa, -ae f. – fer
scire, -io, -ivi, -itum – wissen, kennen
sententia, -ae f. – Meinung
sentire, -io, sensi, -sensum – fühlen, meinen, wahrnehmen
servare, -o, -avi, -atum – retten, bewahren
similis, -e – ähnlich
socius, -ii m. – Verbündeter

sol, solis m. – Sonne(ngott)
sollicitare, -o, -avi, -atum – aufhetzen
species, -iei f. – Erscheinung, Anblick, Gesicht
statuere, -uo, -ui, -utum – festsetzen, beschließen, aufstellen
subsequi, -or, -secutus sum – folgen
summa, -ae f. – Summe
suspicio, -onis f. – Verdacht
sustinere, -eo, -ui – ertragen
tam – so
tempestas, -atis f. – (Un-)Wetter
terra, -ae f. – Land, Erde
timere, -eo, -ui, - – (sich) fürchten
tribuere, -uo, -ui, -utum – zuteilen
tribunus, -i m. – Tribun
ullus, -a, -um – irgendein/e
ulterior/ius – jenseitig
una (+ Abl.) – zusammen
vadum, -i n. – Furt
vereri, -eor, veritus sum – fürchten
vicus, -i m. – Dorf
victus, -us m. – Nahrung
vincere, -o, vici, victum – (be-)siegen
vix – kaum
voluntas, -atis f. – Wille
vox, vocis f. – Stimme, Äußerung
vulnerare, -o, -avi, -atum – verwunden
vulnus, vulneris n. – Wunde

Vokabelregister

Notizen

Notizen

Aus unserem Verlagsprogramm

Diese Reihe umfasst
Lateingrammatik in 7 Tagen (ISBN: 978-3-937446-11-0)
Caesar in 10 Tagen (ISBN: 978-3-937446-12-7)
Cicero in 14 Tagen (ISBN: 978-3-937446-13-4)
Latein in 3 Wochen (ISBN: 978-3-937446-40-0)

Lernwortschätze
Friedrichs Lateinischer Basiswortschatz (ISBN: 978-3-937446-22-6)
Friedrichs Lateinischer Lernwortschatz: Caesar (ISBN: 978-3-937446-23-3)

Grammatik
Discendum - Das Wichtigste für den Latein-Unterricht
Wortschatz, Grammatik, Lerntipps, Glossar (ISBN: 978-3-937446-10-3)
Meine eigene Latein-Grammatik (ISBN: 978-3-937446-03-5)

Lektüren
Cicero vs. Catilina (ISBN: 978-3-937446-04-2)
Caesar-Lektüre (ISBN: 978-3-937446-09-7)

Reihe »Auxilium«
Auxilium Primum - Erste Hilfe für Lateinlernende (978-3-937446-06-6)
Auxilium Secundum - 2. Teil der Reihe (ISBN: 978-3-937446-07-3)
Auxilium Tertium - 3. Teil der Reihe (ISBN: 978-3-937446-38-7)

Varia
Friedrichs Maledicta Latina (ISBN: 978-3-937446-01-1)
Aenigmata Latina (ISBN: 978-3-937446-16-5)
Lateinischer Sprachführer (ISBN: 978-3-937446-02-8)
Liber de Coquina - Das Buch der guten Küche (ISBN: 978-3-937446-08-0)